U0503821

绿色建筑综合效益价值评估研究

赵春晴　刘诗绮◎著

中国社会科学出版社

图书在版编目（CIP）数据

绿色建筑综合效益价值评估研究 / 赵春晴，刘诗绮著. -- 北京：中国社会科学出版社，2024. 8. -- ISBN 978-7-5227-4252-6

Ⅰ. F416. 9

中国国家版本馆 CIP 数据核字第 2024CA4351 号

出 版 人　赵剑英
责任编辑　李斯佳
责任校对　李　锦
责任印制　戴　宽

出　　版　中国社会科学出版社
社　　址　北京鼓楼西大街甲 158 号
邮　　编　100720
网　　址　http://www. csspw. cn
发 行 部　010-84083685
门 市 部　010-84029450
经　　销　新华书店及其他书店

印　　刷　北京君升印刷有限公司
装　　订　廊坊市广阳区广增装订厂
版　　次　2024 年 8 月第 1 版
印　　次　2024 年 8 月第 1 次印刷

开　　本　710×1000　1/16
印　　张　10. 25
字　　数　157 千字
定　　价　59. 00 元

序　言

绿色建筑在“褐色经济”转向“绿色经济”的进程中起着举足轻重的作用，是实现可持续发展的重要因素，也是应对气候变化、实现碳中和目标的重要措施。虽然绿色建筑的发展已有三十余年，但是对于环境、社会和经济效益的综合性评价还缺乏全面、深入且系统性的分析。本书从国内外绿色建筑的发展现状出发，以研究绿色建筑各项技术的原理和作用机制为基础，利用生态学、环境学以及建筑相关的各专业学科知识，对绿色建筑的环境、社会和经济效益进行剖析和识别，建立了系统、全面的绿色建筑综合效益评估指标体系，在技术分析的基础上利用环境经济学理论提出效益的价值评估方法，构建绿色建筑综合效益价值评估量化模型，并从中提炼可用于评估绿色建筑减碳效益的指标体系和价值评估模型，为实现建筑领域的碳中和目标提供研究基础。

绿色建筑技术体系复杂，大部分技术在产生环境效益的同时也带来了直接或间接的社会和经济效益。环境效益主要以改善土地紧缺、大气污染、能源和矿产资源耗竭、水资源短缺和污染、固体废弃物剧增等环境问题为主；社会效益以保障居民健康、提高生活水平和社会福利为本；经济效益以降低成本、促进产业发展为核心。本书以技术体系的效益识别为基础，构建了以效益为导向的绿色建筑综合评估指标体系，一级指标包括环境、社会和经济效益；二级指标以一级指标的主要组成要素为评价对象，总计 12 个；三级指标对二级指标进行了进一步细化，以实现技术评价与效益评价的衔接。利用该指标体系对中国绿色建筑评价标准的技术体系进行了综合效益评价，以提高绿色建筑评价标准对于环境、社会和经济系统的均衡作用，为后续标准修订提供科学建议。

为实现评估指标体系中不同效益指标的货币化统一，本书提出绿色建筑综合效益价值评估计算模型，包含与技术量化、价值评估和时间边界相关的 31 个计算公式，可用于绿色建筑单个项目、区域绿色建筑发展的综合效益价值评估和各类效益之间、不同项目在不同层次效益之间的对比分析。同时，为了评估绿色建筑在碳中和目标实现进程中的作用，在综合效益分析的基础上进一步进行减碳分析，构建以绿色建筑碳减排和固碳技术为核心的减碳效益评估指标体系和价值评估模型。

本书构建的评估指标体系实现了微观技术与宏观效益之间的合理转化，以技术应用效果评价为基础，探讨了以效益为导向的绿色建筑综合评价方法，从而凸显了绿色建筑发展的最终成效和意义。在此基础上对效益的价值进行量化，为开发商、政府和消费者充分认识绿色建筑的价值提供更直观的货币衡量标准，为效益内化到增量成本提供了解决思路，为平衡各利益相关主体之间的关系提供了技术解决途径；同时，对绿色建筑评价标准的提升具有一定的指导意义，实现了从供需两侧驱动绿色建筑发展的目标。本书的研究内容是绿色建筑理论体系的重要组成部分，是绿色建筑寻求长远发展方式和途径的依据，也是建筑领域实现碳中和战略的必要基础。

本书受 2023 年度青岛市哲学社会科学规划研究项目“青岛市民用建筑运行及隐含碳排放核算预测研究”（项目批准号：QDSKL2301088）、青岛市博士后资助项目“建筑全生命周期减碳机理、效率评价及碳中和路径优化研究”（项目批准号：QDBSH20230102098）、山东博士后科学基金资助项目“山东省建筑全生命周期减碳效率评估及双碳路径优化研究”（项目批准号：SDCX-RS-202303017）资助。

目　录

第一章　绪论

第一节　研究背景

一　建筑领域的绿色变革

自然资源是经济发展的必要基础。工业革命以来，人类一直在过度消耗自然资源的“褐色经济”中进步。随着环境问题的日益凸显，“褐色经济”已经难以维持可持续发展，必须走向“绿色经济”。绿色经济要求重新寻找经济发展与自然之间的平衡，保证社会再生产活动在自然再生产的限度之内，改变以往对自然“取之不尽、用之不竭”的态度，将自然资源的使用价值最大化，将环境污染的程度最小化。1987 年世界环境与发展委员会发布报告《我们共同的未来》，从此树立了新时代发展的主题：可持续发展，以推动社会经济发展模式的转变。建筑作为人们社会生活及经济活动的载体、经济的支柱产业之一，如何在绿色经济中改变发展模式成为社会进步和科学研究的焦点。尤其是进入 21 世纪之后，人们已经深刻感知到气候变化的威胁，例如，南方冬季的严寒和北方夏季的炎热，污染排放所导致的雾霾等。建筑不仅需要应对这些变化，发挥庇护所的作用，还需要改善自身发展所带来的环境影响。2020 年新冠疫情的暴发让世界再次警醒，必须采取行动尽快实现绿色、低碳的可持续发展。为此，各国加快应对气候变化的行动进程。2020 年 9 月 22 日，第七十五届联合国大会一般性辩论上，习近平主席郑重宣布：“中国将提高国家自主贡献力度，采取更加有力的政策和措施，力争二〇三〇年前二氧化碳排放达到峰值，努力争取二〇六〇年前实现碳中和。”[①] “双碳”目标的提出，充分体现了中国应对气候变化的大国担当和行动决心。其中，建筑作为高度依赖自然资源的产业，必须持续秉承绿色低碳发展思路，逐步迈向零碳，助力可持续发展进程。

建筑是人类生活和生产活动必需的物质财富，为人类提供了水和空气等基本物质需求，营造了包括光和热的生存环境。建筑生产活动是人类基本的实践活动之一，其历史几乎与人类社会一样古老。随着人类社会经济和技术文化的发展，建筑活动的内容在不断变化和扩展，人们对建筑、建筑业的认识也在不断变化。在学科划分上，广义的建筑包括房屋建筑和土木工程，而狭义的建筑仅指房屋建筑。根据中国的国民经济行业分类标准，建筑业由“房屋和土木工程建筑业”“建筑安装业”“建筑装饰业”和“其他建筑业”四个大类组成。在联合国制定的《国际标准产业分类》中，建筑业活动包括施工场地的准备、全套或部分建筑的建造、土木工程、建筑物安装、建筑物修饰、租赁建筑或爆破设备并配备操作人员。国内外关于建筑业所包含的内容描述并不一致，根据场景和应用需求的不同，对于建筑业的内涵描述也不同。本书主要讨论房屋建筑全生命周期内所覆盖的产业，包括建筑材料生产、建筑建造、运营和拆除的各个阶段相关的产业。

由于建筑构成复杂，涉及的上下游产业较为广泛，在整个环境、社会和经济系统中的作用和地位不容忽视。建筑为全球7%的劳动力提供了就业机会并贡献了全球 GDP 的7%—10%，[②] 所消耗的自然资源以及对环境产生的负面影响也一直居高不下。2021 年，建筑运营所产生的碳排放量达到历史最高水平，约为 100 亿吨二氧化碳，比 2020 年增加了5%。如果考虑建筑材料生产所产生的二氧化碳，建筑碳排放量占全球碳排放总量的37%左右。[③] 在中国，工程建设使用的资源

① 习近平：《论坚持人与自然和谐共生》，中央文献出版社 2022 年版，第 270 页。

② 朱文莉：《基于国际可持续建筑评价框架的 BSA 体系及适用性研究》，博士学位论文，天津大学，2015 年。

③ 联合国环境规划署：《2022 年全球建筑建造业现状报告——迈向一个零排放、高效且具有抗御力的建筑建造业》，https：//www. douban. com/note/843448574/？i = 40158946GBl2H7。

和材料约占全国资源利用量的40%—50%，[①] 建设活动排出的废弃物约占城市废弃物的40%，[②] 房屋建筑全过程能耗总量占全国能源消费的36.3%，占碳排放总量的38.2%。[③] 在美国，建筑的碳排放量占全社会碳排放总量的38%。[④] 随着城市发展的日益繁荣，建筑作为城市建设的核心部分，是人们正常生活和工作的保障，是经济发展的必要条件，也是维持与自然环境和谐共处的基本要素。发展建筑产业是社会经济系统的必然要求，但若不改变生产运维方式，很多城市环境问题还会继续加剧，包括土地功能改变、城市微气候变化、能源资源消耗增加、空气水体污染、固体废弃物排放等；各类环境问题长期累积所带来的全球影响也难以得到缓解，包括气候变化、生物灭绝等，对人类的生存也会造成威胁。因此，人们需要开始重新审视建筑与自然之间的关系：如何能够让建筑在保持庇护作用的同时减少自然资源消耗和环境污染。

在这个过程中，融入环境保护理念的建筑经历了不同的变革阶段，包括生态建筑、可持续建筑和绿色建筑。最早出现的是生态建筑，在20世纪60年代由建筑师保罗·索勒瑞（Paolo Soleri）提出，[⑤] 其基本内涵是基于生态学原理，将建筑与环境融为一体，相互兼容协作，且具备独立的内在生态系统，形成内外相连的良性循环系统，强调生态平衡。可持续建筑伴随着可持续发展理念而诞生，1994年，第一届国际可持续建筑会议（ICSC）将可持续建筑定义为：在有效利用资源并遵守生态原则的基础上，创造健康的建成环境并对其保持负责任的维护。与生态建筑相比，可持续建筑更加注重环境、社会与经济的共同发展。

---

① 吴星：《建筑工程环境影响评价体系和应用研究》，硕士学位论文，清华大学，2005年。

② 周笑绿：《循环经济与中国建筑垃圾管理》，《建筑经济》2005年第6期。

③ 建筑杂志社：《〈2023中国建筑与城市基础设施碳排放研究报告〉发布》，https://mp.weixin.qq.com/s/qXTeoNomFZiSvm-YPdvs-Q。

④ Ye Y., et al., "A Perspective of Decarbonization Pathways in Future Buildings in the United States", *Buildings*, 2023, 13 (4): 1003.

⑤ 李金旺：《基于可持续发展的城市规划及管理研究》，湖北人民出版社2007年版。

绿色建筑的前身是“自维持住宅”。1971 年，英国剑桥大学学者阿里克斯·派克（Alex Pike）提出“自维持住宅”理论；1975 年，英国最出色的节能建筑研究团队成员兰达·维尔（Brenda Vale）与罗伯特·维尔（Robert Vale）夫妇发表著作《新自维持住宅：为自给自足而设计和规划》（*The New Autonomous House*：*Design and Planning for Self-sufficiency*），将“自维持住宅”定义为：一种完全独立运转的住宅，不依靠外界的摄入，除了和它紧密相连的自然界（如阳光、雨水等）。在不断研究“自维持住宅”的过程中，1991 年，维尔夫妇在《绿色建筑：为可持续发展而设计》（*Green Architecture*：*Design for Sustainable Future*）中对绿色建筑的设计理念进行了阐释，即绿色建筑的特征是节约能源，适应气候与地理环境，强调资源与材料的再生利用，设计尊重场地，重视使用者的感受并具备整体的设计观。[①] 随着绿色建筑的不断发展和应用，关于绿色建筑的定义也在不断地完善和更新，但其核心都是更侧重于自然资源的优化配置。

从时间维度上分析，生态建筑、可持续建筑以及绿色建筑并不具备明显的延续性。其中，生态建筑出现最早，其次为绿色建筑，可持续建筑最后才出现。这和环境问题发展的历史背景有一定的关系，生态建筑以解决最早出现的生态问题为主，绿色建筑以优化能源资源配置问题为主，而可持续建筑则以解决可持续发展问题为主。虽然从狭义上看，三类建筑的内涵所关注的侧重点不同，但从广义上分析，三类建筑都是人们对建筑与自然环境关系的重新思考，以达到人工环境与自然环境和谐发展的目的，而且随着对环境问题认识的不断深入，三类建筑的定义也在不断丰富，并已呈现出相互包含、相互支撑并逐步统一的趋势。从应用程度来看，生态建筑是理念基础，以典型的生态示范为主，国内外并无统一的设计标准；绿色建筑是广泛实践，大部分国家依据国情制定了相关的设计和评价标准；而可持续建筑则是长期目标，以实现可持续发展为设计原则的建筑都可被定义为可持续

---

① 朱文莉：《基于国际可持续建筑评价框架的 BSA 体系及适用性研究》，博士学位论文，天津大学，2015 年。

建筑，且随着可持续发展要求的不断提升，可持续建筑的发展方向也会更广泛、更深入。

二 绿色建筑发展中的问题

绿色建筑理念的提出具有一定的必然性，随着人们对环境问题、经济和社会可持续发展需求的认知变化，驱动绿色建筑发展的主要因素逐渐从环境责任转变为消费者需求。① 为了确保绿色建筑的实施效果，发达国家通过建立评价标准的方式来规范绿色建筑的发展。1990年，英国建筑研究院发布第一部评价建筑环境性能的标准 BREEAM（*Building Research Establishment Environmental Assessment Method*），开辟了建筑绿色评价的先河。各国以此为参考，根据国情分别制定了评价绿色建筑性能的标准，包括法国 HQE（*High Quality Environmental Standard*）、美国 LEED（*Leadership in Energy and Environmental Design*）、德国 DGNB（德语缩写，英文为 *German System of Sustainable Building Certificate*）等。其中，认知度和商业化程度较高的标准是美国 LEED，被该标准认证的绿色建筑项目超过 10 万个，遍布 180 个国家，总认证面积超过 10 亿平方米。②

中国于 2006 年颁布第一部《绿色建筑评价标准》，从 2008 年开始出现绿色建筑认证项目，年度认证面积为 141.21 万平方米，在政府政策的引导下，绿色建筑的发展逐步从典型示范进入全面推广的阶段。2013 年，国务院发布《绿色建筑行动方案》，强调绿色建筑行动的主要目标为：在“十二五”时期，完成新建绿色建筑 10 亿平方米；2014 年政府投资性公共建筑及保障性住房全面实行绿色建筑；到 2015 年年末，20%的城镇新建建筑达到绿色建筑标准要求。2014 年，中共中央、国务院印发的《国家新型城镇化规划（2014—2020 年）》明确提出：“城镇绿色建筑比重要从 2012 年的 2%提升到 2020 年的 50%。”随后，中国近 20 个省份明确提出绿色建筑发展目标或绿色建

---

① 宋凌、张川、李宏军：《2015 年全国绿色建筑评价标识统计报告》，《建设科技》2016 年第 10 期。

② LEED 能源与环境设计先锋：《新记录！全球 LEED 正式认证项目已超 100，000 个》，https：//mp. weixin. qq. com/s/nZPinc9sUM-X2RnWDIjHMg。

筑专项规划。2017年，住建部编制《建筑节能与绿色建筑发展“十三五”规划》，要求绿色建筑实现跨越式发展。截至2020年年底，中国累计建成绿色建筑面积超过66亿平方米，超额完成“十三五”规划目标。2022年，《“十四五”建筑节能与绿色建筑发展规划》以提升绿色建筑发展质量为重点任务，要求加强高品质绿色建筑建设，完善绿色建筑运行管制制度。在这些政策的引导下，绿色建筑从快速发展进入规模化发展阶段，建设面积持续增加（见图1-1），呈现出成倍增长的趋势。新建绿色建筑面积从2012年的400万平方米增长到2021年的20多亿平方米，城镇新建建筑中绿色建筑面积占比达84%。①

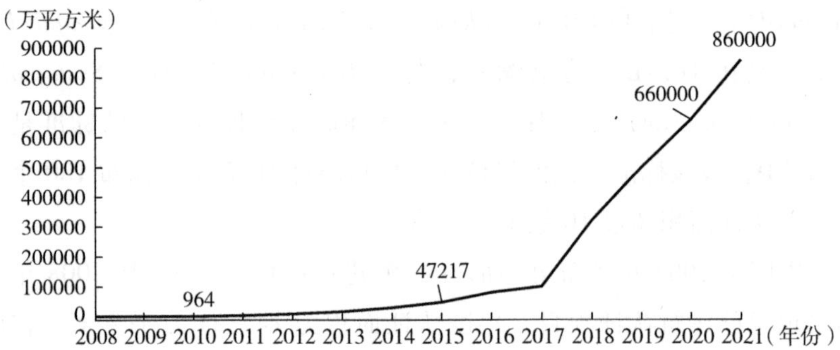

图1-1 中国绿色建筑累计面积（2008—2021年）

资料来源：宋凌、张川、李宏军：《2015年全国绿色建筑评价标识统计报告》，《建设科技》2016年第10期；住房和城乡建设部：《建筑节能与绿色建筑发展“十三五”规划》，https://www.mohurd.gov.cn/gongkai/zhengce/zhengcefilelib/201703/20170314_230978.html；住房和城乡建设部：《住房和城乡建设部关于印发“十四五”建筑节能与绿色建筑发展规划的通知》，https://www.gov.cn/zhengce/zhengceku/2022-03/12/content_5678698.htm；徐昆、郭珑珑、程志军：《GB/T50378—2019〈绿色建筑评价标准〉修订分析》，《绿色建筑》2020年第3期；丁怡婷：《到2022年，当年城镇新建建筑中绿色建筑面积将占七成——让更多建筑“绿”起来》，《人民日报》2021年6月2日第18版。

① 廖睿灵：《绿色建筑面积持续增加，建筑业产业链现代化水平不断提高——咱们身边的建筑更“绿”更“聪明”了》，https://www.gov.cn/xinwen/2022-09/29/content_5713530.htm。

虽然国内绿色建筑面积总量增长趋势明显，但从市场占有率、绿色建筑实效方面分析，绿色建筑的发展还存在很多问题，具体包括三个方面。

1. *发展驱动力不足*

绿色建筑的发展初衷是为了解决城市发展所带来的一系列环境问题，这些问题的出现是经济与环境长期不协调发展的累积结果，所以，解决这些环境问题也需要漫长的时间。绿色建筑是城市建设面对环境压力做出的应对措施，从提出到落实解决方案并产生效果，再到人们感知到环境的改善，都需要时间和过程，所以，公众对于绿色建筑还缺乏深刻的体验式认知，难以从需求侧推动市场的发展。在中国，绿色建筑发展初期的主要驱动力来自政府的政策引导，以财政补贴的形式对获得绿色建筑认证标识的项目进行奖励，带领绿色建筑从典型示范进入广泛发展阶段。补贴奖励的形式虽然直接有效，但是随着绿色建筑项目逐渐增多，财政资金难以覆盖所有项目，或补贴的金额过少，难以发挥政策吸引作用。因此，各级政府也在逐步取消补贴政策，通过强制实施的方式推动绿色建筑进入普及式发展阶段。虽然这类政策执行力度大、效果明显，但是需要投入更多的人力、物力进行监管，保证绿色建筑的落实，不然也难以起到实际的作用。

2019 年之前，中国绿色建筑的评价分为两类标识，即设计标识和运行标识，但政府的强制性实施政策一般仅针对设计标识。设计标识以建筑的设计资料为评价依据，运行标识在建筑运营一年以上且具备一定的实际运行参数后进行评价。获得运行标识的绿色建筑才能真正发挥出环境正效应，但国内运行标识认证面积占总认证面积的比重较低，只有 6%左右。① 这个数据说明强制性政策可以带动绿色建筑的发展，但如果缺乏与之相匹配的管理机制，很难保证绿色建筑有效的实施效果。2019 年 8 月 1 日起，《绿色建筑评价标准》（2019）开始实施，重新设定了评价阶段，将设计评价取消，以引导绿色技术的落地

① 宋凌、张川、李宏军：《2015 年全国绿色建筑评价标识统计报告》，《建设科技》2016 年第 10 期。

实施，进一步推动绿色建筑的健康发展。同时，为了兼顾地区发展不平衡和城乡发展不平衡的问题，评价等级新增基本级。但仅实现绿色建筑基本级评价目标，难以促进绿色建筑的高质量、高品质发展，还需要寻找更多的驱动力，全方位地提升高星级绿色建筑实施主动性和落地实效性，从而发挥绿色建筑在改善环境、促进经济可持续发展方面的作用。

2. 初期增量成本是绿色建筑的最大发展障碍

对于建筑开发投资企业，建设绿色建筑最重要的挑战是高昂的初期成本。[①] 绿色建筑从设计开始到最终的运营，需要增加很多方面的额外资金投入，如设计院的绿色设计成本、各项绿色技术的应用成本、绿色管理和运营成本等。在绿色建筑发展初期，政府的扶持政策可以覆盖部分或全部的增量成本，对于开发者具有一定的吸引力，但随着绿色建筑标准的不断提高，初期投入也随之增加，在这个过程中，补贴政策又在逐步取消，对于开发者而言，增量成本的高低就成为是否建设绿色建筑以及选择绿色建筑等级的关键性因素。

绿色建筑本身其实也会产生很多效益，除环境效益外，也包含社会效益和经济效益。其中，开发者最关注的是直接的经济效益。很多学者对于绿色建筑的经济效益也做了研究，主要集中在技术应用后的运营收益方面，这部分效益比较容易内化到开发者的投资成本中，但一般回收期较长，对于追求短期回报的开发者吸引力不足。环境效益和社会效益都属于绿色建筑的外部性影响，目前关于这方面的研究还存在不足，难以为其制定合理的政策提供指导，以调整各利益方之间的关系，从而实现效益最大化，打破绿色建筑投资增量与收益回报难以匹配协调的局面，为推动绿色建筑发展清除障碍。

3. 评价标准理论体系不完善

绿色建筑的评价是一个多学科交叉的复杂系统工程，涉及建筑、环境、生态、能源、经济、材料、社会、管理等学科与领域，应从能

---

① Dodge Data, Analytics, "World Green Building Trends 2016", http://www.worldgbc.org/news-media/world-green-building-trends-2016.

源、水资源、材料、污染与废弃物、健康、管理、生态系统、服务质量、长周期性考察、社会与经济功能等多方面确定相互关系，给出相互影响的权重，为定量化分析和评价建立基础。① 目前国内外的评价标准多以设计指导、技术应用为主要目的进行架构设计，以技术效果评价为主要内容，缺乏对绿色建筑环境、社会和经济影响的评价，尤其是对于社会效益和经济效益的评价而言，缺乏有深度的分析，难以让利益相关群体充分认识到绿色建筑发展对于环境、社会和经济系统的综合正面作用。例如，《绿色建筑评价标准》（2019）的评价指标体系共包括五大板块，分别为安全耐久、健康舒适、生活便利、资源节约和环境宜居。各大板块中的控制项为必须实施的绿色技术，评分项可根据项目自身条件选择适宜可行的技术进行应用，最终根据技术应用的量化指标进行得分的加权计算，总分作为评价绿色建筑星级水平的依据。在这个过程中，主要以绿色技术的应用与否为判断标准，对于所产生的环境、社会和经济效益并没有量化评价标准。同时，环境、社会和经济效益之间具有一定的内在联动关系，在单类效益深入分析的基础上，还需要考虑综合效益的系统性，但是这方面的研究还比较匮乏。

除此之外，绿色建筑评价标准在制定过程中理论依据还不够充分。中国的评价标准自 2006 年颁布以来，分别于 2014 年和 2019 年进行了两次更新，从最初的以定性评价为主转变为以定量评价为主，同时，评价的内容也越来越全面，各项技术的要求也逐渐提高。《绿色建筑评价标准》（2019）与《绿色建筑评价标准》（2014）相比，在评价内容分类上调整较大，但都采用打分制，评价条文各有分数，再通过一定的权重计算得出建筑项目的总得分，作为认证等级的依据。除中国外，其他国家的标准体系也大部分采用打分评价制，通过评估绿色技术的应用情况对建筑的绿色程度进行综合计算。因此，条文权重的确定是标准制定过程中较为关键的流程。Ali 等以调研结果为基础，运用层次分析法确定条文权重，为约旦居住建筑制定绿色建

① 张磊等:《国内外绿色建筑测评体系的分析》,《建筑节能》2013 年第 1 期。

筑评价体系。[①] 国内标准在制定过程中，条文的分数及权重体系采用专家打分法。虽然这些方法也具备一定的科学性，但受主观因素的影响较大，使绿色建筑评价的理论体系缺乏一定的科学基础，有必要结合更加客观合理的标准制定方法，确定更合适的条文权重。

第二节　问题的提出

发达国家的绿色建筑发展起步较早，至今已有三十多年，政策机制、评价标准等方面相对成熟。但是，建筑从设计、建设到运营各个阶段均具有较高的本土依赖性，气候条件、经济现状、人口密度以及社会需求等都对建筑有很大的影响，国外的经验难以完全应用于发展中国家。中国绿色建筑的相关政策和标准落地已有十余年，但是从整个体系的发展现状分析，还面临很多亟待解决的问题，通过对绿色建筑综合效益进行深入全面的分析和评估，可以为解决这些问题凿开突破口，从更加科学客观的角度完善绿色建筑发展的理论基础，发挥出绿色建筑在环境、社会和经济系统可持续发展中的作用。

建筑是影响环境系统运行的重要因素。建筑占用了大量的土地资源，改变了土地的生态功能，对大气循环、水循环以及生物多样性等都造成了连锁反应。建材的生产消耗各类资源能源，同时也在生产过程中向环境排放各种污染物质。在建筑长时间的运行过程中，又不断地需要能源和水资源的供应，同时持续产生废水、废气和固体废弃物。从全生命周期各个阶段考虑，建筑一直在向自然环境索取并产生污染，对环境系统造成的负面影响巨大。因此，绿色建筑理念是人们在寻求自身发展的同时改善环境的积极措施，对其带来的环境效益进行评估是验证措施有效性的必要手段，也是综合性评价的重中之重。

建筑是社会系统运行的承载者。人们的生存离不开建筑，生活和

① Ali H. H., Al Nsairat S. F., "Developing a Green Building Assessment Tool for Developing Countries-Case of Jordan", *Building and Environment*, 2009, 44 (5): 1053-1064。

工作都在建筑中进行，社会功能性极其重要。在建筑的发展历史中，人们对其功能的需求已经从最初的遮风避雨转变成为更健康、更舒适的体验，在这个转变过程中，建筑的功能越来越复杂，也经历了建筑物综合征的发现与解决阶段，对人们的身体健康造成极大的影响。同时，建筑生产、建设和运营阶段所排放的污染物质也是加剧各类环境问题的重要因素，间接影响人们的健康。另外，与建筑相关的交通规划和服务功能布局也在影响着人们的生活方式和消费结构，很多绿色技术的应用直接或间接地缓解了建筑对于社会发展的不良影响，致力于营造可持续的人工环境，社会效益明显，有必要纳入绿色建筑的综合性评价中。

建筑产业是经济系统的重要支柱。建筑是集合众多轻重工业产品的复合商品，上下游产业链长，覆盖范围广。绿色建筑的实施不仅直接影响相关开发者和消费者的经济利益，各项新技术和新理念的实践对于相关行业的发展也起到关键的绿色带动作用，还会影响政府在环境问题和基础建设方面的财政支出，对于整个经济系统的运行都会产生影响，全面的经济效益分析是拉动绿色建筑发展的重要引擎。

综上所述，绿色建筑的综合效益评估具有非常重要的意义，是推动绿色建筑发展的原动力，是政策保障体系灵活创新的基础，也是指导和评价绿色建筑实施效果的依据，从而解决绿色建筑发展中面临的诸多问题。通过深层挖掘绿色建筑的效益和价值，从微观研究延伸到宏观分析，完善绿色建筑的基础理论研究，有助于开发单位、政府相关部门以及建筑使用者等各界利益群体正确认识绿色建筑发展的意义，利用效益评估结果反向刺激前端开发，提高开发建设绿色建筑的热情，增加市场的绿色需求，为绿色建筑的长远发展提供源源不断的动力，真正实现建筑业从“浅绿”走向“深绿”的变革。

第三节 国内外研究现状

自绿色建筑的理念提出以来，相关领域的学者对其进行了大量的研究。一项新技术从出现到发展成熟往往需要经历很长一段时间，而绿色建筑建设目标的实现需要集合运用众多绿色理念和绿色技术，不仅相关技术要不断创新发展，也要从全生命周期的角度进行全维度管理理念的绿色转变，整个体系的成熟需要从各个方面进行研究、实践和检验，从而真正实现建筑的绿色低碳发展目标。

Li 等分析了 1900—2019 年 3060 篇绿色建筑研究文献，总结了研究热点和趋势，认为绿色建筑发展的过程中仍然面临很多障碍，包括较高的增量成本、缺乏专业技术和激励政策以及市场信息不对称。此外，有很多是关于绿色建筑的评价研究，评价内容涵盖环境、经济和社会可持续性的指标，但从总体上看，对于社会和经济性的评价比较匮乏，相关的研究较少。①

Darko 等利用科学知识图谱工具对 6867 篇绿色建筑相关期刊文献进行分析，其中，最早研究绿色建筑的文献于 1974 年发表，21 世纪以来，研究文献的数量呈直线上升趋势（见图 1-2）。分析结果表明，目前绿色建筑的研究热点包括技术体系、评价标准和环境影响分析。在技术体系中节能技术最受关注，评价标准以美国 LEED 为对象的研究最多。另外，在绿色建筑的评价方面，关于环境可持续性的研究较多，但是社会和经济方面的研究则有很大不足，建筑的可持续性分析应以环境、社会和经济系统为框架进行全面研究，从而充分认识绿色建筑的潜在效益，为进一步推动绿色建筑发展提供更多动力。②

---

① Li Q., et al., "Visualized Analysis of Global Green Buildings: Development, Barriers and Future Directions", *Journal of Cleaner Production*, 2020, 245 (Feb. 1): 118775.

② Darko A., et al., "A Scientometric Analysis and Visualization of Global Green Building Research", *Building and Environment*, 2019, 149 (Feb.): 501-511.

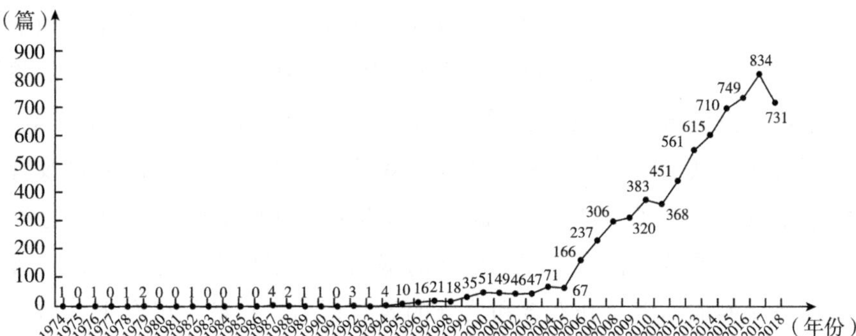

图 1-2　绿色建筑研究文献数量趋势（1974—2018 年）

资料来源：Darko A.，et al.，"A Scientometric Analysis and Visualization of Global Green Building Research"，*Building and Environment*，2019，149（Feb.）：501-511。

从国内外关于绿色建筑研究现状的分析可以看出，绿色建筑在效益评估方面还不够完善，大部分的研究以环境性能评价为主要内容，社会效益和经济效益的评价相对匮乏，综合效益的整体评估未形成系统性的理论体系和方法标准。

一　国外研究现状

目前国外对于绿色建筑的经济效益研究居多，主要分为微观经济研究和宏观经济研究两大类。微观经济研究主要基于成本效益分析法对绿色建筑所产生的经济效益进行分析，此类研究数量相对较多，主要原因是绿色建筑实施过程中需要应用很多新技术、新理念，会增加建筑项目的初期投资，而成本效益的分析可以让开发投资者认识到投资的直接经济回报，降低增量投资对绿色建筑发展的阻碍。

Kim 等对韩国绿色建筑评价标准 G-SEED 认证项目的效益进行了评估，通过对比公寓住宅项目的房屋价格分析绿色建筑的经济效益。研究结果显示，绿色认证建筑的房价比非认证项目高 9.52%，可以抵消绿色建筑初期增量成本，从而为项目开发者、投资者的绿色建筑决策提供重要依据，促进绿色建筑的发展。[①] Meron 等分析了以色列建设绿色学校的成本、经济效益和教师满意度，直接效益包括能源和水的费用节约，分别比非绿色学校降低 23%和 24%，但这一部分的效益很难达到投资成本的预期收益目标，只有将员工满意度、学生成就、使用者和公共健康问题以及其他社会效益都考虑进来，才能明显改善绿色学校不理想的成本收益现状。[②] Gabay 等分析了以色列某绿色办公楼的成本效益，在绿色建筑标准的基础上构建成本效益模型，包含每项条文的成本以及开发者和公众的效益评估。在最优组合下，增量成本为 4%—12%，经济组合下增量成本只有 0. 12%—1. 33%。投资回报主要来自电费节约（40%）和增加工作效率（60%）。[③] Khoshbakht 等结合 SWOT 分析法对绿色建筑的成本效益进行了对比研究，总结了绿色建筑的效益类型，包括能源消费的节约、公司的金融效益、资产市场价值或房租、市场机会和碳税费的降低。公司的金融效益主要来源于员工因工作环境的改善而提高了工作效率。[④] Son 等调研了韩国绿色建筑认证项目的房价与普通建筑之间的差别，结果显示绿色建筑的房价较高且离公交站距离越近的房价越高，说明韩国绿色建筑认证体系的应用具备潜在的经济收益，从而可以吸引投资者开发绿色建筑。[⑤] Yoo 首先利用全生命周期分析法和全生命周期成本分析法建立了绿色建筑评估框架，确定了 LEED 认证项目的投资成本；其次，开发了绿色建筑性能评估工具，研究 LEED 评价标准中的得分点与投

---

① Kim K. H. , et al. , “A Study of the Green Building Benefits in Apartment Buildings According to Real Estate Prices: Case of Non-capital Areas in South Korea”, *Sustainability*, 2020, 12 (6): 2206.

② Meron N. , Meir I. A. , “Building Green Schools in Israel. Costs, Economic Benefits and Teacher Satisfaction”, *Energy and Buildings*, 2017, 154 (Nov. 1): 12-18.

③ Gabay H. , et al. , “Cost-benefit Analysis of Green Buildings: An Israeli Office Buildings Case Study”, *Energy and Buildings*, 2014, 76 (Jun.): 558-564.

④ Khoshbakht M. , Gou Z. , Dupre K. , “Cost-Benefit Prediction of Green Buildings: SWOT Analysis of Research Methods and Recent Applications”, *Procedia Engineering*, 2017, 180 (Aug. 3): 167-178.

⑤ Son K. , et al. , “Economic analysis of Korea Green Building Certification System in the Capital Area Using House-values Index”, *Journal of Asian Architecture and Building Engineering*, 2014, 13 (2): 475-481.

资增量之间的关系；最后，提出了成本效益指数，用于表征绿色建筑全生命周期成本和成本效益的净收益，通过具体的案例计算分析绿色建筑的经济收益。与普通建筑项目相比，绿色建筑的建设成本较高，但是设备维护、能源使用、污水处置等方面的成本都较低，且具有长期性，时间越长，单位收益越高。[①] Kats 等分析了绿色建筑的成本和经济效益，以推动绿色建筑的全面发展；同时指出，绿色建筑的效益包括节能、节水和垃圾减量所节约的成本，运营维护成本的降低以及使用者工作效率的提高和健康的保障。分析结果显示，绿色建筑的初期增量投入可在后期运营过程中获得 10 倍的节约效益，其中，金级和铂金级绿色建筑 20 年的收益为 67.31 美元/平方英尺。[②] Dwaikat 等评估了马来西亚绿色建筑能源消耗的实际经济效益以及不同的能源价格浮动对于成本节约的影响。结果显示，绿色建筑与常规建筑相比可节能 71.1%，案例分析从全生命周期角度计算了节能价值，总计约为 2054460 美元。[③] Eichholtz 等研究了绿色建筑的经济性，在对已获得认证的办公建筑项目的分析中发现，绿色建筑大规模的增长和资产市场史无前例的活跃现象并没有明显影响到绿色建筑相关的回报，租金和资产价值的溢价非常可观，主要得益于热效率提高及其持续性的收益。[④]

除微观经济的研究外，也有少部分研究聚焦于绿色建筑对于宏观经济系统的影响，例如，Hartwig 等通过静态开放的投入产出模型，识别和量化了建筑能源效率对德国经济的影响，研究表明，建筑能源效率对于宏观经济的关键指标具有一定的积极作用，为建筑政策决策

---

① Yoo Y. J. , "The Development of Green Building Performance Assessment Tool", Degree of Doctor, University of Wisconsi, 2014.

② Kats G. , et al. , "The Costs and Financial Benefits of Green Buildings", https: //no-harm-uscanada.org/sites/default/files/documents-files/34/Building_ Green_ Costs_ Benefits.pdf.

③ Dwaikat L. N. , Ali K. N. , "The Economic Benefits of a Green Building-Evidence from Malaysia", *Journal of Building Engineering*, 2018, 18 (Jul.): 448-453.

④ Eichholtz P. , Kok N. , Quigley J. M. , "The Economics of Green Building", *Review of Economics and Statistics*, 2013, 95 (1): 50-63.

者提供了可参考的量化数据基础。[①] Krarti 等采用全生命周期法、成本效益分析法对卡塔尔建筑能效提高项目的经济环境效益进行量化，证实了建筑能效提高可以降低温室气体排放、减少电力消耗和二氧化碳排放，并引入能源生产力概念进一步分析其对宏观经济的影响。[②]

也有部分学者对绿色建筑的综合效益进行了研究。Wu 等提出了以绿色建筑生命阶段特点分析为前提的增量成本和效益分析，并通过数据包络法分析了绿色建筑的生产效率，以国内绿色建筑项目为例展开了案例研究，识别的绿色建筑环境效益包括减少二氧化碳排放和吸收二氧化碳，经济效益包括节水、节能、节约土地和材料带来的经济价值，社会效益包括健康、舒适和减少垃圾排放带来的效益。[③] Blaban 等通过文献及项目调研的方式收集了日本东京绿色建筑的技术数据，分析了绿色建筑带来的附加效益，包括与环境效益相关的能源利用强度和二氧化碳排放强度，与经济效益相关的能源消费成本节约以及与社会效益相关的健康改善。结果显示，调研案例中绿色性能最好的建筑比日本东京办公建筑的平均能源利用强度低 33%，比二氧化碳排放强度低 38%，每平方米节约 2000 日元能源费用。Blaban 等对健康改善的效益仅进行了程度区分，由于数据获取难度较高，并未进行量化，而环境效益和经济效益的分析对象相对较少，缺乏对各类效益要素的全面研究。[④] Issa 等对加拿大 1200 个 LEED 认证项目进行了匿名调研，评估了绿色建筑开发者对于绿色建筑成本增量、长期效益、健康效益和产出效益方面研究工作的认知度和信任程度。结果显示，开发者一直认为绿色建筑的高成本是影响其投资决策的首要障碍，能

---

① Hartwig J., Kockat J., "Macroeconomic Effects of Energetic Building Retrofit: Input-output Sensitivity Analyses", *Construction Management and Economics*, 2016, 34 (2): 79-97.

② Krarti M., et al., "Macro-economic Benefit Analysis of Large Scale Building Energy Efficiency Programs in Qatar", *International Journal of Sustainable Built Environment*, 2017, 6 (2): 597-609.

③ Wu Z., Ma G., "Incremental Cost-benefit Quantitative Assessment of Green Building: A Case Study in China", *Energy Building*, 269 (Aug. 15): 112251.

④ Balaban O., Puppim de Oliveira, J. A., "Sustainable Buildings for Healthier Cities: Assing the Co-benefits of Green Buildings in Japan", *Journal of Cleaner Production*, 2017, 163 (Oct. 1): S68-S78.

源成本的节约是绿色建筑最重要的收益。很多人都不确定绿色建筑的产出、健康效益的规模和影响以及如何正确合理地进行量化。所以，对于绿色建筑的效益评估研究需要更加深入、全面和准确，以打破对绿色建筑的认知障碍。[①] Sharma 通过构建绿色建筑可持续模型，引导社会各个层面保持建筑的绿色性能和践行绿色建设，以促进绿色建筑的发展。模型中，绿色建筑的可持续性主要体现在资源高效配置、节能、节水、垃圾污染减量、健康性、提高效率产出、减少环境足迹、带来竞争优势、改善工艺效率和创新能力、提高企业的社会公平性。[②] 但该模型的指标并没有对环境、社会和经济效益进行分类，难以进行绿色建筑各类性能之间的对比。

二 国内研究现状

国内对于绿色建筑经济效益的研究主要分为微观经济研究和宏观经济研究两大类。在微观经济方面，Zhang 等对绿色建筑经济可行性方面的研究进行了综合总结。从建筑全生命周期考虑，绿色建筑的增量成本主要包括设计和模拟费、绿色认证费、绿色技术应用的硬件成本等，增量成本范围为-0.4%—11.0%，但是由于数据可得性受限，这方面的学术研究相对较少。绿色建筑的增值效益包括降低运营成本（能源费、水费和运维成本节约），增加舒适性、健康性和生产率，提高企业声誉，增加市场价值，具备环境正外部性（保护生态系统和生物多样性、减少垃圾和二氧化碳排放）等。但是由于环境外部性价值计算的技术难度较大，且个人和社会经济目标函数不同，大部分的研究忽视了环境外部性效益或将其估值为零。另外，Zhang 等提出，对于绿色建筑的效益研究还需要综合性更高、稳健性更强的分析，尤其是对于各类效益的量化计算以及如何解决开发者与使用者之间的不协

---

① Issa M. H., Rankin J. H., Christian A. J., "Canadian Practitioners' Perception of Research Work Investigating the Cost Premiums, Long-term Costs and Health and Productivity Benefits of Green Buildings", *Building and Environment*, 2010, 45 (7): 1698-1711.

② Sharma M., "Development of a 'Green Building Sustainability Model' for Green Buildings in India", *Journal of Cleaner Production*, 2018, 190 (Jul. 20): 538-551.

调问题和不同地区与条件的差异性。① 王沨枫等基于未确知理论对绿色建筑技术进行成本效益评价，以投资回收期和效益成本比作为评价指标，对排风热回收、节能灯具与智能照明技术进行分析，所提出的评价方法主要用于量化对比各地、各类型建筑不同绿色建筑技术性价比水平及技术间的性价比差异，为绿色建筑技术的选用提供参考。② 孙磊围绕绿色建筑的绿色技术、绿色经济性评价进行全面阐述，从全寿命经济周期的角度对费用与效益进行分析、识别、估算，并结合定性和定量方法对其经济性做出评价，构建以绿色建筑技术为主要内容的评价指标体系，在间接效益评价中采用环境经济学理论，包括医疗费用法、人力资本法、机会成本法等。③ 徐伟等基于低碳理论构建绿色建筑经济效益评价体系，包括以资源利用、健康舒适和环境保护为准则层的经济效益评价。④ 李霖霖对超高层建筑节水节能技术进行了研究，其中，节水技术的案例分析结果显示，某超高层建筑在采用了雨水和杂排水的回用装置后，其经济效益包括节约水费、节约泵站供给水的能量费，总投资回收期为 15.3 年，按使用期限 50 年计算，成本收益较为明显。节能技术主要分析了废热回收，案例以某超高层建筑中的酒店为分析对象，项目采用热回收型冷水机组，为直接式热回收方式，其经济效益主要为利用废热加热水所减少的费用，投资回收期为 1.13 年，与使用年限 10 年相比，收益良好。⑤

在宏观经济研究方面，Zhao 等建立了绿色建筑与区域经济之间的系统动力学模型，并以广东省为例，量化模拟了绿色建筑对广东省 GDP 的影响。结果显示，绿色建筑的发展对于区域经济具有一定的促

---

① Zhang L., Wu J., Liu H., "Turning green into gold: A Review on the Economics of Green Buildings", *Journal of Cleaner Production*, 2018, 172 (Jan. 20): 2234-2245.

② 王沨枫、周海珠、魏慧娇：《基于未确知理论的绿色建筑技术成本效益评价》，《建筑技术》2020 年第 3 期。

③ 孙磊：《基于费用效益理论的绿色建筑技术经济评价研究》，硕士学位论文，沈阳建筑大学，2013 年。

④ 徐伟、郭雅楠：《基于低碳理论的绿色建筑经济效益评价体系分析》，《上海节能》2023 年第 1 期。

⑤ 李霖霖：《超高层建筑节水节能研究》，硕士学位论文，重庆大学，2015 年。

进作用，GDP 的直接增长率达 2.47%，间接增长率达 9.23%。如果现有区域生产力水平稳定，10000 平方米绿色建筑面积可以产生 1820 万元经济价值，固定资产 100 万元的区域经济投资可增加 1648 平方米的绿色建筑需求。[①] 韩媛媛利用产业相关理论、可持续发展理论、公共政策理论等，基于投入产出分析法建立了绿色建筑增量投资对宏观经济影响的测算模型，对江苏省 2015 年绿色建筑增量投资对国民经济中其他产业带动的效应进行测算，测算结果约为 83.9 亿元。[②] 叶祖达指出，绿色建筑的宏观经济影响包括两个方面，即在整体经济体系内额外带动的产值和额外产生就业机会。通过实例和数据建立直接与间接相关产业后向、前向影响模型，分析绿色建筑额外增量值对本身就业的带动关系，并对“十二五”时期中国绿色建筑的整体宏观经济效益进行测算，结果显示，2010—2015 年全国绿色建筑对经济体系的额外投入为 960 亿元，额外直接经济影响为基准年房地产业产值的 4.3%；绿色建筑投资在中国房地产业内每增加 1 个单位产值，平均对各产业的总带动效应为 1.0648，总间接效应为 1021 亿元。但数据基础是绿色建筑的增量成本，未考虑绿色建筑的间接社会效益和环境效益。[③]

对于绿色建筑的综合效益研究，胡铮基于云模型研究了绿色建筑住宅项目的综合效益评价方法，通过文献分析法、专家问卷法和主成分分析法确定了 20 项效益评价指标，并从经济、环境和社会角度进行了分类。[④] 也有部分学者对单项技术的综合效益进行了分析，Jiang 等以中国大型商业建筑为案例，分析了建筑能源节约及碳减排的协同效益，分析框架包括建筑全生命周期的各个阶段，但由于数据的缺

---

① Zhao L., Zhang Q., Ji Y., “The Relationship Between Green Building and Regional Economy: A Case Study in Guangdong, China”, *The Open Civil Engineering Journal*, 2017, 11 (1): 216-234.

② 韩媛媛：《绿色建筑对宏观经济的影响测算及支持政策研究——以江苏省为例》，硕士学位论文，西安建筑科技大学，2016 年。

③ 叶祖达：《绿色建筑的宏观经济效益研究》，《城市发展研究》2012 年第 10 期。

④ 胡铮：《基于云模型的绿色建筑住宅项目综合效益评价研究》，硕士学位论文，江西理工大学，2022 年。

失，量化内容主要以建筑运营期为对象。案例建筑通过采取照明系统节能改造、空调通风系统能效提升以及太阳能集中热水系统等措施，每年节约能源达 1493500 千瓦·时，碳减排量为每年 1318050 千克二氧化碳当量（$kgCO_2e$），年节约经济效益为 921490 元，投资回报期为 5.63 年。[①]

部分学者对绿色建筑整体的技术体系进行了综合效益分析。罗靓文等对北方绿色建筑的经济性与环境效益进行了评价，指出绿色建筑的节地效益可以通过计算提高容积率、开发地下空间等措施所节约的土地面积，再结合土地购置的价格进行换算。节能技术的经济效益通过核算节能技术的节煤量及煤炭市场价格获得。节水效益通过计算节水量与水价获得。环境效益通过计算减少二氧化碳排放量以及处理成本获得节约的处理费用，通过计算垃圾回收收益与垃圾处理节约费用之和计算垃圾回收系统的环境收益，通过计算绿化系统的二氧化碳吸收量以及处理成本计算绿化产生的环境效益。以这些计算方法为基础，对某绿色建筑进行案例分析，结果显示，项目增量成本为 4600.5 万元，经济和环境效益为 4109.89 万元，若考虑政府补贴的 759.6 万元，绿色建筑的整体效益还比较可观。[②] 王娟运用系统动力学方法和 Vensim 软件建立了绿色建筑综合效益仿真模型，并结合某绿色建筑住宅项目，对未来的综合效益情况进行了模拟仿真。[③] 但在绿色建筑综合效益影响因素的识别过程中存在一定的主观性，且识别不够完善，参数设定需进一步精确，建模方法还需进行深入研究。周丽运用 AHP、熵权法等理论建立了绿色建筑综合评价指标体系，其中，经济效益指标包括节能效益、节地效益、节水效益、节材效益和运营管理效益；环境效益指标包括改善温室效应、改善空气质量和延长建筑寿命；社会效益指标包括带动区域经济增长、节约财政损失

---

① Jiang P., et al., "Analysing Co-benefits of the Energy Conservation and Carbon Reduction in China's Large Commercial Buildings", *Journal of Cleaner Production*, 2013, 58 (Nov. 1): 112-120.

② 罗靓文、朱新萍：《北方绿色建筑的经济性与环境效益评价》，《居舍》2019 年第 3 期。

③ 王娟：《基于系统动力学的绿色建筑综合效益评价研究》，硕士学位论文，江西理工大学，2020 年。

费、健康度及工作效率和居民宜居福利。此外，周丽还比较了不同地域的绿色建筑综合效益。[①] 叶堃晖等指出，科学合理地量化绿色效益是政府制定节能减排政策和企业拟定竞争战略的基础，通过识别多维的评价指标，构建由实物及货币指标组成的“效益—产量”模型，采用组合权重的灰色关联分析法，对建筑工程的绿色效益进行多方案量化评比。[②] 但在指标的选择和确定方面都缺乏一定的分析基础。王洋等从全生命周期的角度评估建筑各阶段经济、社会及环境的成本效益并考虑长期运营中的折现率、资源价格和非年度周期成本等因素变动所产生的影响，运用层次分析法且基于权重与专家决策对成本效益进行综合性评价。[③] 但在效益分析和分类过程中，边界和定义不够清晰。张习龙在全生命周期成本理论基础上，计算绿色建筑增量成本及增量效益，给出经济、生态方面效益较为详细的计算方法，[④] 但计算对象以建筑为主体，不涉及建筑建设及运营过程中所涉及的上下游产业。黄蓓佳在 MATA-CDM 指标评价方法的基础上，对南京普遍应用的 11 项建筑节能技术进行了经济、能源与环境、社会效应的评价，评价指标的系统层包括经济发展、能源与环境和社会进步，变量层包括减排成本、产业发展贡献、减排效应、区域环境、土地资源、技术安全和就业。[⑤] 叶青综合环境、社会和经济三个领域的评价方法及措施，以建筑可持续发展评价为目标，构建了绿色建筑性能评价体系 GPR-CN，其评价体系准则层包括能源、环境、健康、使用质量和未来价值。[⑥]

三 国内外研究现状总结

绿色建筑以解决环境系统与社会经济系统之间的矛盾为目的，通

---

① 周丽：《绿色建筑综合效益比较研究》，硕士学位论文，安徽建筑大学，2018 年。

② 叶堃晖、刘瑞、申立银：《“效益—产量”视角下绿色建筑灰色关联评价模型》，《重庆大学学报》2019 年第 9 期。

③ 王洋、陈琳、关雅梦：《绿色建筑成本效益评价体系研究》，《工程经济》2019 年第 11 期。

④ 张习龙：《陕西绿色建筑生态经济效益分析与评价》，硕士学位论文，西安建筑科技大学，2016 年。

⑤ 黄蓓佳：《兼顾环境、经济与社会效应的节能技术可持续性评价研究——以南方建筑节能技术为例》，《复旦学报》（自然科学版）2014 年第 2 期。

⑥ 叶青：《绿色建筑 GPR-CN 综合性能评价标准与方法——中荷绿色建筑评价体系整合研究》，博士学位论文，天津大学，2015 年。

过节地、节水、节材、节能等一系列环保技术减少建筑本身对自然资源的消耗和对环境的污染排放并带动建筑相关产业的绿色提升，保障人们的生活质量，通过环境、社会和经济系统之间的联系、互动影响整个综合系统。通过以上文献可以看出，绿色建筑所产生的环境、社会及经济效益可以通过科学方法进行定量或定性评价，但目前的研究所分析的效益类型还不够全面，综合效益的评估缺乏一定的系统性。首先，经济性评价主要集中在对直接效益的分析，与环境、社会影响相关的间接经济效益评价相对匮乏；其次，绿色建筑包括节地、节能、节水和节材等多方面效益和影响，但目前的研究并未全面考虑这些内容；再次，各类效益的定义和分类不够清晰，评价指标的选择无法体现环境、社会和经济系统特征，存在一定的重叠交叉现象；最后，效益评价多以单项技术、单方面效益、单个案例分析为主，针对性较强，系统性分析薄弱，降低了广泛应用的价值。因此，非常有必要对绿色建筑的环境、社会和经济效益进行全面、系统的研究，以补充绿色建筑基础理论体系的研究缺失，使市场践行者、需求者以及政策制定者充分认识到发展绿色建筑的益处。

在绿色建筑综合效益的研究过程中，主要面临两大难题：第一，建筑是各类新技术的集合体，每项技术所产生的效益各不相同，分析效益的基础需要掌握绿色建筑技术的专业知识；第二，综合效益所涉及的学科领域较多，交叉性较强，增加了研究难度。本书旨在针对绿色建筑综合效益研究方面的不足，对研究内容进行科学合理的设计，克服研究中存在的难点，完善绿色建筑基础理论体系研究，为绿色建筑的长足发展提供动力，促使绿色建筑充分发挥出良好的环境、社会和经济性能，推动可持续发展进程。

第四节　国内外绿色建筑评价标准

在绿色建筑的发展过程中，评价标准不仅起到了关键的指引作用，为践行绿色建筑提供技术保障，确保绿色建筑健康的发展方向；

也是评价绿色建筑性能的可靠依据。本节通过分析和总结国内外绿色建筑评价标准的评价内容、评价方法和在国内的应用情况，识别国内外绿色建筑评价标准的差异以及目前绿色建筑评价中存在的不足，为后续的研究奠定基础。

一　国外绿色建筑评价标准

（一）英国标准 BREEAM

1990 年，英国建筑研究院发布了世界首个绿色建筑评价标准 BREEAM，该标准体系完整，处于国际领先地位，可应用于新建建筑、既有建筑、社区、生态家园、可持续家园及整修等多个领域，评价阶段分为设计和运行两个阶段。截至 2016 年，全球大约有 70 个国家和地区使用了该评价方法，获得认证的建筑超过 53 万栋。最新版本是 *BREEAM International for New Construction 2016*。

BREEAM 的评价指标一共有 10 类，包括管理、健康与舒适、能源、交通、水资源、材料、废弃物、土地利用与生态、污染和创新。评价内容以技术功能效果为主导，评价方法采用打分制，每类大指标下面设置了若干个小指标，每个小指标对应一个分值，每类大指标设有权重系数，最后根据总分确定评价等级，共有 6 级，即未通过、通过、好、非常好、优秀和杰出。同时，要求获得“杰出”与“优秀”的新建筑在运行的首个三年内获得运行性能认证（BREEAM In-Use），运行三年期满未获得运行认证的建筑，其设计认证等级会被降为下一等级，通过这种方式可以在一定程度上保证项目环境性能达到实际的效果。①

BREEAM 结合了生命周期理论，以能源、环境、资源为主要的考察对象，充分考虑了环境的可持续性，在欧洲应用较为广泛，但在其他国家和地区推广时有地域性局限。BREEAM 在中国的应用过程中，结合中国气候情况对评价的权重分值做了相应的调整。2015 年，BREEAM 权威认证机构 BRE 在中国深圳设立分院，以加强在中国的

① BRE Global Ltd, “BREEM International New Construction 2016”, http: //www. breeam. com/BREEAMInt 2016SchemeDocument/#resources/output/10_ pdf/a4_ pdf/nc_ pdf_ printing/sd233_ nc_ int_ 2016_ print. pdf.

服务，保持中国项目较快的有增长速度。截至 2019 年 2 月，中国已认证的 BREEAM 项目有 160 个。

与中国《绿色建筑评价标准》（2019 年）相比，两个评估体系有 50%的评价内容部分一致，2%的内容基本一致（见图 1-3），具有较高的相似度，在认证过程中所需的证明材料也可互用，但一般情况下，BREEAM 的材料要求更细化，在分析深度上也要求更高一些。其中，BREEAM 体系中融入了碳排放体系，对于中国标准所要求的建筑碳排放报告具有较好的借鉴作用。除此之外，BREEAM 评估体系也被业界称为一套管理体系，分为调查准备、方案设计、施工图设计、施工建设、竣工验收阶段，与项目建设阶段深入融合，通过合理的计划制定清晰的实施路线，在每个阶段完成相应的任务，使效率最大化，以达到预期的效果。

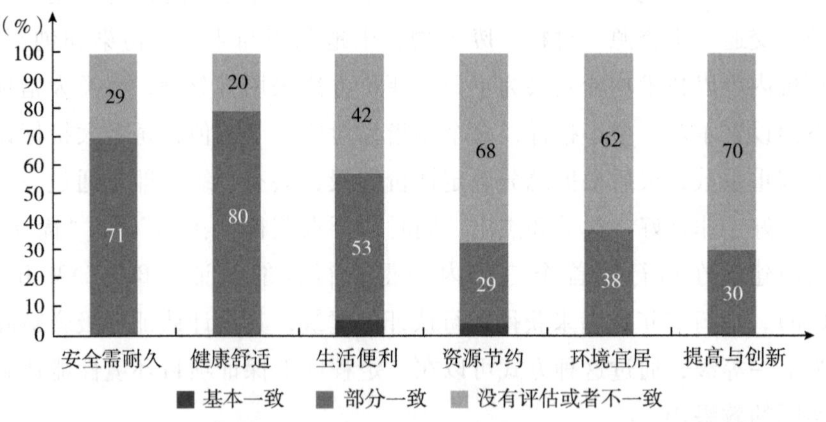

图 1-3 BREEAM 与《绿色建筑评价标准》（2019）对标分析结果

（二）美国标准 LEED

美国绿色建筑委员会于 1998 年颁布了绿色建筑评价体系 LEED，是目前世界上接受度较高的绿色建筑评价标准。该标准共分为 5 册，包括《建筑设计与施工》（*LEED for Builidng Design and Construction*）、《建筑运营与维护》（*LEED for Building Operations and Maintenance*）、《住宅设计与施工》（*LEED for Home Design and Construction*）、《室内装修设计与施工》（*LEED for Interior Design and Cosntruction*）和《社

区开发》（*LEED for Neighborhood Development*），可评价的建筑类型包括学校、零售、酒店等公共建筑以及住宅和社区，评价内容涵盖 8 大类，即场址与交通、可持续场地设计、水资源效率、能源与大气、材料与资源、室内环境质量、创新设计及地域优先。评价方法采用打分制，共包括 4 个等级，即认证级、银级、金级和铂金级。[①] 截至 2023 年年底，中国累计 LEED 注册项目 11900 个，获得认证的项目总计 7119 个，认证面积超过 1.7 亿平方米，是 LEED 绿色建筑在全球发展最强劲的市场之一。[②]

与中国不同版本《绿色建筑评价标准》相比，在评估对象的分类方面，LEED 划分较为细致，根据建筑类型和标准分册分为多个独立的评估系统，中国标准的评估对象主要分为居住建筑和公共建筑两大类。在评价方式方面，LEED 的评价是从项目设计开始介入，一直跟踪到运营阶段，通过一次性认证的方式实现全过程的评价；中国《绿色建筑评价标准》（2014）的认证分为两个标识：设计标识和运行标识，可以分开进行申请，中国《绿色建筑评价标准》（2019）在施工图设计完成后进行预评价，竣工后进行最终评价，逐步实现全过程控制。在评价方法上，虽然两国标准都采用打分制，但是 LEED 采用条文直接赋值方式，单项条文进行评价得分，最后直接加总，与中国标准的不同之处在于没有加权计算的过程。由于国情不同，LEED 中很多条文要求和技术标准与中国建筑需求有一定的差异，因此，其应用效果并不一定会比中国标准更绿色低碳，而且其认证的成本也相对较高。但是，LEED 发展较早，商业化推广模式较为成熟，在世界范围内的应用较为广泛，在评价标准的完善性以及申报系统的信息化方面值得借鉴。

除 LEED 外，2014 年，美国 Delos 公司发布了建筑评价标准 WELL，该标准以建筑对人体健康影响的科学研究为基础，是第一部

① 王静、郭夏清：《美国 LEED 绿色建筑评价标准 V4 版本修订的解读与比较》，《南方建筑》2017 年第 5 期。

② 刘卓澜：《绿色建筑增势强劲 中国 2023 年 LEED 认证项目已超 7000 个》，https://www.bbtnews.com.cn/2024/0227/505037.shtml。

关注建筑使用者健康和舒适的建筑评价标准。自 WELL 发布以来，已在 20 多个国家进行推广，已有 300 多个项目完成 WELL 认证注册。中国于 2015 年引入，截至 2024 年 5 月，已注册项目 2564 个。[①] 该标准认证内容包括 10 个方面，即空气、水、营养、光、运动、热舒适、声环境、材料、精神和社区，与传统的绿色建筑评价标准相比，WELL 更注重建筑的人文关怀，以提高建筑的社会效益。该标准的评价方法采用打分制，根据项目得分进行等级划分，包括铜级、银级、金级和铂金级。[②]

（三）法国标准 HQE

法国于 1992 年首次提出建筑领域的高质量环境生态理论，于 1996 年成立高质量环境协会，对绿色建筑的技术框架进行完善和深化。2004 年 HQE（High Quality Environmental Standard）发布，通过第三方机构评价建筑的环境性能，2012 年国际版评价体系发布实施，与英国 BREEAM、德国 DGNB 共同构成欧洲三大绿色建筑评估体系。截至 2014 年 12 月，世界范围内已获得 HQE 认证的项目有 4400 万平方米，在法国已经形成市场，因为认证建筑的出租率较一般建筑高，多数建筑自愿申请 HQE 认证。

随着标准的不断扩展，HQE 可应用的建筑类型包括居住、办公、教育、医疗、酒店、工业、运动场馆、既有建筑及生态街区。其评价条文分为四类（环境、能源、舒适与健康），包括 14 个目标（场址、产品技术、施工、能源、水资源、废弃物、维修维护、湿热环境、声环境、视觉舒适度、嗅觉舒适度、健康的环境质量、空气质量及用水质量）。评价方式是用户根据实际情况选择不同的目标采取措施，以满足要求的目标数量为基础进行等级划分，分为合格、良好、优秀和卓越四个等级。[③]

---

① International WELL Building Institute：“WELL Project”，https：//account. wellcertified. com/directories/projects/.

② International WELL Building Institute：“WELL v2”，https：//v2. wellcertified. com/en/wellv2/overview/.

③ 刘茂林等：《法国高质量环境评价体系与应用研究》，《暖通空调》2023 年第 5 期。

该标准进入中国市场相对较晚，2020 年 11 月青岛西海岸·创新科技城体验中心获得中国首个 HQE 认证标识，达到“卓越”要求。该项目主要采用的技术包括电子智能化操控系统、碲化镉薄膜太阳能光伏建筑一体化技术、高效变频多联机系统、新风热回收系统、高效照明、高效节水器具、直饮水、海绵城市专项设计、土建装修一体化、BIM 正向设计技术、负离子喷雾（与室外栏杆扶手结合）等。

（四）德国标准 DGNB

2008 年，德国推出绿色建筑评价体系 DGNB，是德国促进和认证可持续建筑委员会与德国政府共同开发编制的。DGNB 认证的目的是让建筑在平衡中获取更高的价值，在获得更多的销售额或租金的同时将可持续发展作为辅助参数指标，促进公众对于 DGNB 认证体系的理解，促进建筑环境和健康性能的发展。[①] 评价体系涵盖六大类内容（环境质量、经济质量、社会文化与功能质量、技术质量、过程质量和区位质量），包括 61 项评价条款。该标准也采用打分制评价，设有权重系统，评价等级包括四级，即铜级、银级、金级和铂金级。[②] 可用于评价住宅建筑、公共建筑、仓储类和生产类工业建筑、既有建筑改造等。

截至 2020 年，全世界范围内已有认证项目 5000 多个，分布在 29 个国家，总认证面积达 5750 万平方米。中国有 40 个项目获得 DGNB 证书或预证书，其中有三个项目获得铂金级认证。与国际上其他绿色建筑评价体系相比，DGNB 的认证内容范畴更广泛，除评价建筑本身的生态可持续性、环境资源友好性外，还评价经济和社会文化方面的因素，对技术、过程和区域质量进行全方位考量，在建筑全生命周期评价方面是较完善的体系。

除此之外，德国被动房标准 PHI（Passive House Institute）在国际上的认知度也较高，该标准重点关注建筑能耗，通过先进的节能技术，最大限度地提高建筑保温隔热性能和气密性，在保证室内舒适度

---

① 张磊等：《国内外绿色建筑测评体系的分析》，《建筑节能》2013 年第 1 期。

② 李壮壮等：《中外绿色低碳建筑评价标准对比研究——以中德两国评价标准体系的比较研究为例》，《建设科技》2024 年第 7 期。

的同时，使建筑运行阶段的能耗达到超低水平。[①] 在中国，青岛西海岸中德生态园被动房技术体验中心是亚洲体量最大的被动房，根据项目运行能耗监测结果，项目每年可节约能耗 130 万千瓦·时，减少碳排放 664 吨，与现行国家节能设计标准相比，节能率达 92%以上。

以上四个国家的绿色建筑相关评价标准在中国认知度较高、应用较广泛。除此之外，其他国家也根据各国国情分别制定了不同的评价体系，以推动建筑的可持续发展，例如，澳大利亚国家建成环境评价系统 NABERS、新加坡绿色建筑标志评价体系 Green Mark 等。

二　国内绿色建筑评价标准

（一）国家标准

中国于 2006 年颁布了第一部《绿色建筑评价标准》，将绿色建筑定义为：在建筑的全生命周期内，最大限度地节约资源（节能、节地、节水、节材）、保护环境和减少污染，为人们提供健康、适用和高效的使用空间以及与自然和谐共生的建筑。其评价方法以定性评价为主，评价内容包括节地与室外环境、节能与能源利用、节水与水资源利用、节材与材料资源利用、室内环境质量及运营管理，主要关注点包括建筑建设及运营期间的资源能源消耗，也涵盖关于人类健康、环境保护方面的评价。[②]

2014 年，《绿色建筑评价标准》进行了更新改版，评价方法采用打分制，评价条文也与旧版有很大不同，要求更严格，操作性更强。《绿色建筑评价标准》（2014）在涵盖《绿色建筑评价标准》（2006）评价内容的同时，增加了施工管理板块，每个板块根据建筑类型的不同设定了不同的权重系数，总分作为评级依据，分为一星级、二星级和三星级。[③]

---

① Passive House Institute，“Building Certification Guide”，http：//passivehouse. com/.

② 中华人民共和国建设部、中华人民共和国国家质量监督检验检疫总局发布：《中华人民共和国标准（GB/T 50378-2006）：绿色建筑评价标准》，中国建筑工业出版社 2006 年版。

③ 中华人民共和国住房和城乡建设部、中华人民共和国国家质量监督检验检疫总局发布：《中华人民共和国标准（GB/T 50378-2014）：绿色建筑评价标准》，中国建筑工业出版社 2014 年版。

2019年，标准再次修订，首先，对一级指标体系进行了变更，重新审定为“安全耐久、健康舒适、生活便利、资源节约、环境宜居”五大指标[①]；其次，对条文进行了精减，评分方式有所变动；最后，取消了设计评价阶段，改为“设计阶段预评价”，运营评价时间改为竣工后即可评价。

从评价标准的两次修订中可以总结出，绿色建筑的发展逐步要求提升“以人为本”的建筑性能，开始注重使用者的体验感和获得感。评价阶段的变化可以更加有效地约束绿色建筑技术的落地，保证更多的绿色运营效果。同时，各技术条文的要求也越来越高，促进绿色建筑向更高标准发展，发挥出更多环境、社会和经济的正效应。

（二）系列标准

由于中国地域面积广阔，各区域间气候差异较大，为了符合不同地区的发展要求，各省份分别制定了省级绿色建筑评价标准。同时，为了满足不同建筑类型的功能特点，发布了具有针对性的绿色建筑评价标准，包括《绿色工业建筑评价标准》《既有建筑绿色改造评价标准》《绿色商店建筑评价标准》《绿色医院建筑评价标准》等。

在绿色建筑持续发展的同时，也出现了被动房及健康建筑的评价标准。2015年11月，住房和城乡建设部印发《被动式超低能耗绿色建筑技术导则（试行）（居住建筑）》。2017年中国建筑学会标准《健康建筑评价标准》通过审查，该标准充分考虑了中国国情和健康建筑的特点，对促进中国健康建筑行业发展、规范健康建筑评价发挥了重要作用。2019年9月1日，国家标准《近零能耗建筑技术标准》正式实施，对零能耗建筑相关定义进行了明确规定，从而推动建筑节能减排工作，对调整建筑能源消费结构、促进建筑节能产业转型升级起到重要作用。

绿色建筑的评价在不断地变化，从最初的环境关怀逐步延伸到兼顾经济和社会效益的评价，从聚焦建筑环境性能评价拓展到超低能耗建筑及健康建筑的研究，从顶层的绿色建筑评价框架细化到针对性和

---

① 中华人民共和国住房和城乡建设部、中华人民共和国国家质量监督检验检疫总局发布：《中华人民共和国标准（GB/T 50378-2019）：绿色建筑评价标准》，中国建筑工业出版社2019年版。

适用性更强的专项标准，整个过程的转变让绿色建筑的发展具备更高的实践性，从而带来更多的效益。

三 国内外绿色建筑评价标准对比分析

建筑的产生是为了应对自然环境的变化影响，为人类提供舒适、健康、安全的生存环境是其基本功能，因此，因地制宜非常重要，充分考虑自然条件而设计的建筑不仅可以提高功用性，还能降低对环境的负面影响，这也是绿色建筑在实践过程中需要重点考虑的原则。除自然条件外，社会需求、经济水平也影响着绿色建筑各项技术的应用，所以，各国的评价标准在内容上都有着一定的差异。

（一）评价指标内容对比

绿色建筑在发达国家起步较早，技术体系和评价方法等也比较成熟。但是建筑设计本身具备较强的地域性特点，根据气候条件、经济现状等情况的不同，设计要求也不同，所以，发达国家的绿色建筑评价标准并不一定完全适用于中国的情况。评价指标内容一方面可以反映出绿色建筑在实施过程中应该着重采用的技术；另一方面，从侧面描述了各个国家在绿色发展进程中所面临的主要环境问题。为了充分了解各国标准之间的差异，有必要对各国标准的评价指标内容进行对比分析，从而为绿色建筑环境、社会和经济效益的识别奠定基础。本节以各国主流的绿色建筑评价标准为分析对象（见表1-1），这类标准比较具有代表性，应用范围也较广泛，其他衍生或专项标准不作为本节的重点分析内容。

表 1-1　　各国绿色建筑评价标准评价指标内容对比

效益类型	标准评价指标类别					
	英国标准 BREEAM（1990年）	美国标准 LEED（1998年）	法国标准 HQE（2004年）	德国标准 DGNB（2008年）	中国《绿色建筑评价标准》（2014年）	中国《绿色建筑评价标准》（2019年）
综合效益	管理	创新设计	场址	技术质量	施工管理	安全耐久
			产品技术			
	创新		施工	过程质量	运营管理	资源节约
			维修维护			

续表

<table>
<tr><th colspan="7">标准评价指标类别</th></tr>
<tr><th>效益类型</th><th>英国标准 BREEAM（1990 年）</th><th>美国标准 LEED（1998 年）</th><th>法国标准 HQE（2004 年）</th><th>德国标准 DGNB（2008 年）</th><th>中国《绿色建筑评价标准》（2014 年）</th><th>中国《绿色建筑评价标准》（2019 年）</th></tr>
<tr><td rowspan="7">社会效益</td><td rowspan="4">健康与舒适</td><td rowspan="7">室内环境质量</td><td>热湿环境</td><td rowspan="7">社会文化与功能质量</td><td rowspan="7">室内环境质量</td><td rowspan="4">健康舒适</td></tr>
<tr><td>声环境</td></tr>
<tr><td>视觉舒适度</td></tr>
<tr><td>嗅觉舒适度</td></tr>
<tr><td rowspan="3">交通</td><td>健康的环境质量</td><td rowspan="3">生活便利</td></tr>
<tr><td>空气质量</td></tr>
<tr><td>用水质量</td></tr>
<tr><td rowspan="6">环境效益</td><td>能源</td><td>可持续场地设计</td><td rowspan="2">能源</td><td rowspan="6">生态环境质量</td><td>节地与室外环境</td><td rowspan="6">环境宜居</td></tr>
<tr><td>水资源</td><td>水资源效率</td><td>节能与能源利用</td></tr>
<tr><td>材料</td><td rowspan="2">能源与大气</td><td rowspan="2">水资源</td><td rowspan="2">节水与水资源利用</td></tr>
<tr><td>土地利用</td></tr>
<tr><td>生态</td><td rowspan="2">材料与资源</td><td rowspan="2">废弃物</td><td rowspan="2">节材与材料资源利用</td></tr>
<tr><td>污染与废弃物</td></tr>
<tr><td>经济效益</td><td>无</td><td>无</td><td>无</td><td>经济质量</td><td>无</td><td>无</td></tr>
</table>

从各国标准的对比结果可以看出，国内外绿色建筑评价标准的指标内容与环境和社会系统的相关性较大，与经济系统的关联比较小，很多评价同时涉及多种系统，所产生的效益具有一定的综合性。在中国，《绿色建筑评价标准》（2006）和《绿色建筑评价标准》（2014）中与环境效益相关的评价项数量占比较高，《绿色建筑评价标准》（2019）中环境效益和社会效益分布相对均匀，但是经济效益评价方面依然不是很突出。其实，在绿色建筑的实施过程中，很多技术的应用可以产生经济价值，但是由于绿色建筑评价标准主要以引导绿色建筑的实施为目的，评价过程更多地聚焦于建筑节地、节能、节水、节材、室内环境等方面的性能，由此所产生的大部分经济效益具有

一定的外部性和间接性，在绿色建筑的实施过程中难以被内化到技术应用的增量成本中，所以，并不作为绿色建筑评价的重点关注内容。但是，随着绿色建筑规模化的发展，这些外部性经济效益的价值会逐步凸显出来，在今后的评价过程中有必要根据评价目的的不同构建有针对性的评价体系。

（二）评价指标权重系数对比

权重系统是绿色建筑评价标准中非常重要的一部分，用以区别在绿色建筑综合性评价过程中不同性能的重要程度。上述国内外标准中，除法国标准 HQE 没有权重系数外，其他国家的标准均对不同的评价指标类别设定了对应的权重。中国最早发布的《绿色建筑评价标准》（2006）以定性评价为主，没有权重设计，但是《绿色建筑评价标准》（2014）和《绿色建筑评价标准》（2019）均以打分制的方式进行汇总评价，其中，《绿色建筑评价标准》（2014）的汇总计算对各类评价内容设计了权重系数，《绿色建筑评价标准》（2019）为各类评价板块设置了不同的总分，总得分为各板块得分汇总后再除以10，相当于设计了不同形式的权重系数。

权重系数的不同在一定程度上反映了各国绿色建筑发展中的侧重方向不同，也反映了各类环境问题在不同国家的紧急重要程度不同（见图 1-4）。在英国标准 BREEAM 中，项目管理的权重最高，说明在英国绿色建筑的基础研究和实践中，项目管理对于实现绿色建筑目标所起到的作用最大。然后关注建筑的健康性和舒适性，说明英国绿色建筑的发展还是以人为核心。污染、能源、生态、交通和材料的权重依次降低，但相差不大，土地利用和水资源的权重相对低一些，但从总体上看，各个部分的权重比例分配还比较均衡。

美国标准 LEED 中对于能源与大气、室内环境质量以及可持续场地设计的关注度较高，都达到 20%以上，材料与资源的权重为 19%，与前三项相差不多，但水资源和创新设计都在 10%以下，说明美国绿色建筑的发展重点是要解决建筑发展所带来的能源与大气污染问题，水资源问题相对不突出。与英国标准 BREEAM 相似，室内环境质量也是美国绿色建筑发展的重点方向，所占比重排名第二。

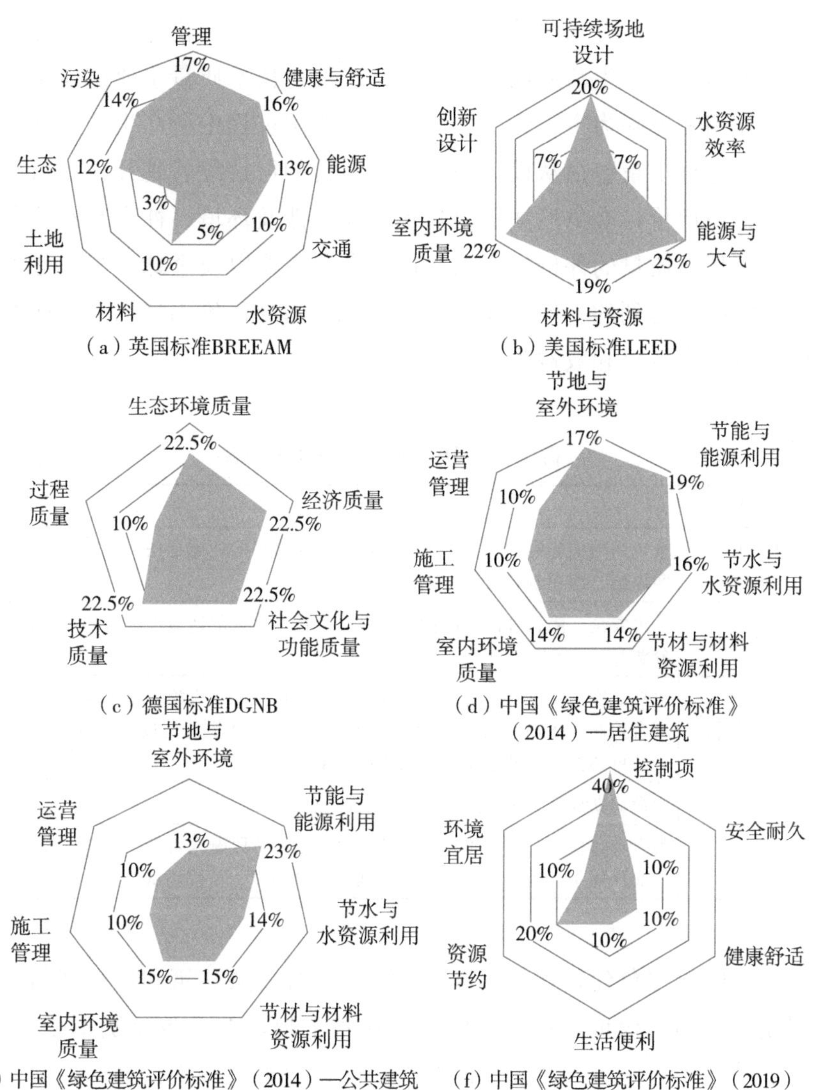

图 1-4 国内外绿色建筑评价标准中评价指标权重分析

德国标准 DGNB 对于各方面评价的兼顾比较全面且平均，同时考虑了绿色建筑的环境、社会和经济质量，仅过程质量权重比重较低，为 10%。虽然该标准中各板块的权重分配较平均，但具体的评价内容的复杂程度并不一样（见表 1-2）。其中，社会质量所评价的方面最多，涉及与居住者相关的舒适度、安全、精神和文化等方面；环境质量主要与建筑全生命周期的环境影响相关；技术质量主要以建筑的质量、使用和拆除为主；经济质量与建筑使用过程中所产生的经济效益相关；过程质量包括从设计到施工和运行的可持续管理评价。从整体上看，该评价标准虽然涵盖内容较全面，涉及环境、社会和经济各个系统，环境质量的评价较深入，包含本地影响以及全球影响，是其他标准没有考虑到的，但是在社会和经济方面的评价仍然以建筑所产生的直接技术效果和效益为主。

表 1-2　　德国标准 DGNB 各版块评价内容

类别	评价内容
生态环境质量	全生命周期影响评估、本地环境影响、建材采购环境责任、一次能源生命周期评估、饮用水和废水、土地使用
技术质量	防火安全、隔音性能、围护结构质量、技术体系的适应性、清洁维护、拆除分解
社会文化与功能质量	热舒适度、视觉舒适度、安全与安保、自行车配套设施、室内空气质量、使用者控制、无障碍设施、设计和城市品质、声环境舒适度、室外空间质量、公共可达性、公共艺术、空间布局质量
经济质量	生命周期成本、灵活性和适应性、商业可行性
过程质量	整合项目信息、整合设计、设计理念、招标阶段融入可持续理念、设备管理的文件体系、施工的环境影响、施工质量保障、系统调试

中国《绿色建筑评价标准》（2014）对公共建筑和居住建筑分别设定了不同的权重系数，居住建筑在各个板块的系数差别不是很大，公共建筑中对建筑的节能性能格外关注，以解决国内公共建筑普遍能耗较高的问题。《绿色建筑评价标准》（2019）中，评价板块有比较大的调整，其中，控制项是必须满足的得分要求，占比也较高，资源节约包含原标准四大板块内容，因此，总分值设定较高，环境、安全、健康和生活方面的权重皆为 10%。

各国评价标准的权重系统虽然在侧重点上有所差异，但也具有一定的共同点。其一，环境性能和健康舒适度是绿色建筑在实施过程中首要关注的评价内容，环境问题主要以解决污染、水和土地资源短缺以及能源依赖为主。其二，对于建筑的经济性能评价普遍存在一定的缺失，评价过程更加关注建筑的技术效果，对于绿色建筑所产生的影响和效益缺乏深入的评估以及对应的量化标准，更多是以指导绿色建筑的实施为目的和原则。

绿色建筑评价标准的主要用途是评价建筑的绿色性能，评价的内容既是要求，也是绿色建筑相关技术的凝练和总结。首先，绿色建筑强调因地制宜，各国评价标准的制定以本国建筑发展中的问题为依据，由于地域、经济和社会发展现状的不同，各国标准的评价内容和评价方法都有差别；其次，各国标准的评价内容与环境效益相关性最大，对于室内健康和舒适性等社会性效益也有一定的关注度，在经济效益方面，相关的评价内容较少；最后，大部分国家的绿色建筑评价标准都采用权重系统对项目进行评分，权重系数的设置各有不同，中国不同版本《绿色建筑评价标准》的权重系统差别较大，在各国标准的权重中，资源环境性能评价的系数赋值都较高。

第五节　研究目的及意义

一　研究目的

绿色建筑发展已有三十余年，但是其推广过程依然面临很多亟待解决的问题，其中，很多问题可通过充分认识绿色建筑产生的效益寻求解决途径。然而，国内外研究现状表明，对于绿色建筑环境、社会和经济效益的研究还不够深入和全面，非常有必要进行科学系统的研究。针对这一问题，本书以绿色建筑发展初衷为起点，以可持续发展为原则，以技术分析为基础，对绿色建筑的环境、社会和经济效益进行系统性分析，构建绿色建筑综合效益评价指标体系并建立能够客观量化绿色建筑综合效益价值的计算模型，从而夯实绿色建筑的理论基础，为开发者、使用者和政府决策者提供充分认识绿色建筑价值的途径，突破绿色建筑发展障碍，创造多方式发展的政策及市场环境，为绿色建筑提供更多的发展动力，同时，为绿色建筑评价的权重体系提供可靠的理论和数据基础，以制定更加公平、科学的绿色建筑评价标准。以此为基础，结合中国“双碳”目标，对绿色建筑的减碳效益进行针对性分析和研究，以评估绿色建筑在建筑领域以及其他相关领域实现“双碳”目标中的作用。

二　研究内容

针对以上研究目的，本书在研究内容的设计上，立足于既有研究的优势和不足，力求创新，充分利用多学科的专业基础知识和技术理论实现研究目标。首先，以中国绿色建筑技术体系为主，全面分析各类技术实施和应用过程中的环境、社会和经济影响，梳理综合效益网络，识别关键性评价指标，构建以效益为导向的绿色建筑综合评估指标体系；其次，以环境经济学价值评估理论为基础，结合多学科知识，创建包含技术量化和效益价值化的评估计算模型；最后，对绿色建筑的减碳效益进行针对性分析，建立减碳效益评估指标体系以及价值评估模型。本书研究技术路线如图 1-5 所示。

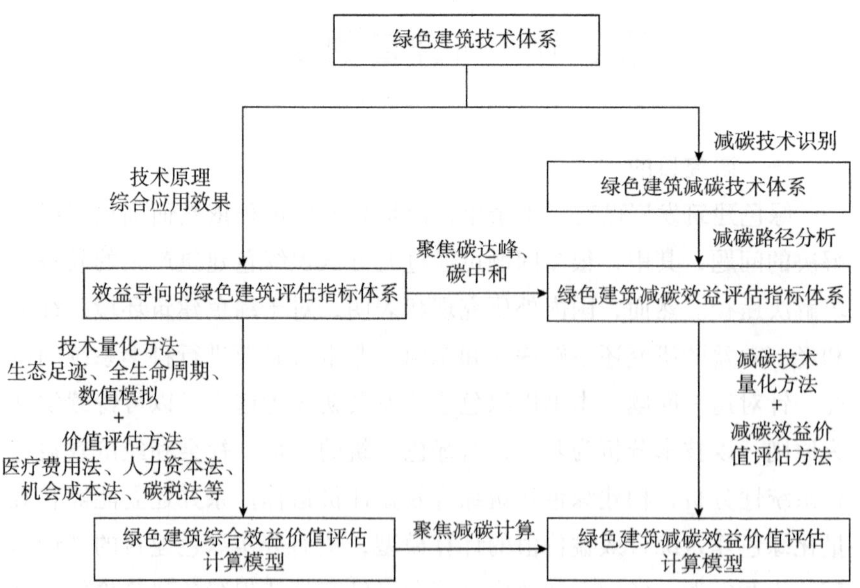

图 1-5　技术路线

本书的主要研究对象包括绿色建筑、环境效益、经济效益、社会效益、综合效益和减碳效益。由于绿色建筑在学科领域属于新兴的研究内容，并没有科学统一的定义，与之相关的各项研究内容也会因为研究目的和领域的不同具有不同的含义。为了确保实现研究目的，本书对较为重要的名词进行了概念界定，以明晰研究对象和范围。

1. 绿色建筑

目前关于绿色建筑的定义，国内外并没有统一标准。绿色建筑具有较强的地域性特点，实施的具体目标与所面临的重点环境问题、社会和经济发展现状都有密切的关系。本书以推动中国绿色建筑发展为主要研究目标，因此，本书中的绿色建筑是指适用于中国发展现状的绿色建筑，具体定义以《绿色建筑评价标准》（2019）为准，即在全寿命周期内，节约资源、保护环境、减少污染，为人们提供健康、适用、高效的使用空间，最大限度地实现人与自然和谐共生的高质量建筑。

2. 环境效益

环境系统是地球表面各种环境要素或环境结构及其相互关系的总和。环境科学研究所研究的环境是指以人类为中心事物的外部世界，即人类生存、繁衍所必需的、相适应的环境或物质条件的综合体，可以分为自然环境和人工环境。建筑是人工构筑物，属于人工环境的要素，绿色建筑的出现则是为了降低人工环境的建设对自然环境的影响，从而保证整个环境系统的良性循环。因此，为了突出绿色建筑的绿色性能，本书中的环境效益来自对自然环境所产生的正面影响，具体影响的要素为自然环境的关键组成部分，包括能源、空气、水、土壤、动植物、矿产资源等。

3. 经济效益

经济系统是系统经济学的研究对象，虽然这一名词得到了广泛使用，但是还没有普遍公认的经济系统定义。在系统经济学中，将经济系统定义为由经济元和他们之间的经济关系共同构成的整体。[①] 通常

① 昝廷全：《系统经济学研究：经济系统的定义与类型》，《兰州大学学报》（社会科学版）1997 年第 1 期。

把经济元的集合称为经济系统的硬部，把他们之间的经济关系称为经济系统的软部，可以形式化地表示为：

经济系统=（｛经济元｝，｛经济元之间的经济关系｝）

经济元是指具有一定功能的所有系统水平上的经济实体，可以是参与资源竞争和利用的个人、企业、地区、国家等。[①]本书在经济效益的评价过程中以此为定义，将绿色建筑发展所带来的经济效益按所影响的不同经济元进行分类，相关的主要经济元包括建筑开发商、建筑运营物业管理单位、政府和绿色产业，在经济效益的分析中主要分析绿色建筑发展对于这些经济元所产生的正效益。

4. 社会效益

社会系统是以单体的人为基本元素，由围绕人的社会生活形成的各种系统共同组成，[①] 其核心要素是人，是组成社会系统的基本单位。本书所研究的社会效益以社会系统的基本要素为对象，即绿色建筑对人的生活所带来的正面影响，在此框架下对社会效益进行细化分析。

5. 综合效益

本书所研究的综合效益是指涵盖以上定义的环境效益、经济效益和社会效益的系统性效益，由于各类效益的相关主体、作用对象不同，不存在交叉重叠现象，在实现单位统一的情况下，进行加总后可获得总效益。综合效益可作为客观、充分地体现绿色建筑整体性能的指标。

6. 减碳效益

减碳效益是指因碳减排技术和固碳技术减少大气中二氧化碳所带来的效益。

三　研究方法

本书在研究过程中根据研究阶段、各部分研究内容的不同选择了适宜的研究方法。在研究内容的选择和研究目标的确定过程中，主要采用文献调查法，包括书籍阅读、期刊查询、学位论文学习、标准研究，并在后续研究内容的深入分析中持续进行文献调查，用以支撑研

---

① 若缺：《社会系统学的基本原理》，湖北科学技术出版社 2012 年版。

究观点，保证研究方向和内容的科学性（见图 1-6）。

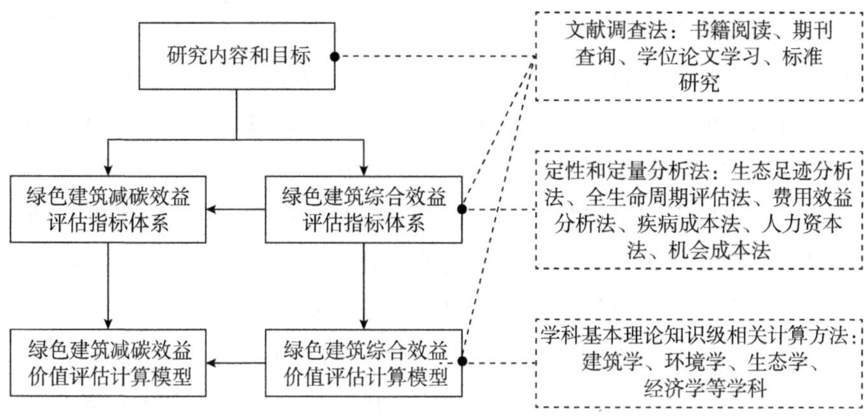

图 1-6　研究方法

在构建绿色建筑综合效益和减碳效益评价指标体系的过程中，采用与技术量化和价值评估分别相关的定性及定量的分析方法，包括生态足迹分析法、全生命周期评估法、费用效益分析法、疾病成本法、人力资本法、机会成本法等；在构建绿色建筑综合效益和减碳效益价值评估计算模型的过程中，应用了各相关学科的基本理论知识和普遍应用的计算方法和标准，包括建筑学、环境学、生态学、经济学等学科。

四　研究意义

绿色建筑对于很多社会群体还是新事物，需要持续深入地研究理论体系，应用实践还需要不断地积累经验，在发展过程中及时发现问题并解决问题，才会建立起长效的发展机制，促进形成健康的发展方式。对于绿色建筑目前发展中所面临的问题，本书的研究具备一定的意义，主要体现在六个方面。

第一，关于绿色建筑的效益评价以环境效益评价居多，但不够全面；经济性评价主要侧重于分析绿色建筑的增量成本及投资回收期；社会效益方面的分析比较稀少。本书通过深入分析绿色建筑技术体系，全面研究相关的环境、社会和经济效益，包括与能源、水、土地、材料、污染相关的直接环境效益，与居民生活和福利相关的社会效益，与各类经济主体相关的经济效益，从而完善绿色建筑在效益研究方面的不足，让更多利益相关者充分认识到绿色建筑的价值。

第二，通过绿色建筑综合效益的全面识别，可以为政府制定绿色建筑发展的激励政策提供可靠的依据，以探索多模式的引导和奖补方式，一定程度上解决绿色建筑投资高、回报慢的发展障碍。同时，也可以让消费者认识到购买绿色建筑的益处，增加绿色建筑在房地产市场的竞争力，从需求侧驱动绿色建筑的广泛发展。

第三，构建的绿色建筑综合效益评估体系可实现绿色建筑环境、社会和经济性能的全面评估，以此为基础识别绿色建筑技术体系发展中的不足，为技术发展提供方向指引。

第四，本书以技术量化和价值量化为基础建立绿色建筑综合效益价值评估模型，将表征各类效益的不同指标进行货币化统一，以实现绿色建筑技术之间、项目之间和区域发展之间的横向及纵向对比，从而更加清晰地认识绿色技术的优劣势、绿色项目的综合性能水平以及绿色区域发展的绩效，也为绿色建筑评价标准制定中的权重体系提供更客观的理论和数据基础，为绿色建筑发展提供更有效、更可靠的应用指引。

第五，以“双碳”目标为指导，对绿色建筑的减碳效益进行有针对性的分析并构建减碳效益评估指标体系和价值评估模型，可为实现建筑领域的碳中和目标提供重要基础。

第六，本书以环境经济学理论为研究基础，以可持续发展为研究主题，前者是新兴学科，后者为新时代发展主旨，是有待创新者勇于探索的沃土。绿色建筑作为可持续发展的重点领域，是环境学、经济学和建筑学等学科关注的热点，是具有挑战性的交叉学科研究对象，本书的研究内容在绿色建筑微观与宏观层面的研究中起到一定的桥梁作用。

第二章　效益导向的绿色建筑评估体系

绿色建筑评价标准一直引领和指导绿色建筑的发展，但国内外在绿色建筑的评价过程中更关注技术应用效果，对于所产生的效益缺乏系统性分析。本章以效益评估为导向，在技术体系分析的基础上，建立可用于评估绿色建筑环境、社会和经济性能的指标体系，以充分认识绿色建筑发展的益处。

第一节　绿色建筑技术体系及效益分析

中国《绿色建筑评价标准》共有三个版本，即《绿色建筑评价标准》（2006）、《绿色建筑评价标准》（2014）和《绿色建筑评价标准》（2019）。为了促进绿色建筑因地制宜地发展，不仅衍生了不同类型建筑的评价标准，各省份也制定了一系列的地方标准。但这些标准的技术框架与国家标准一致，更多的是在技术评价指标上作出了适应性调整。因此，本节仍基于国家标准对绿色建筑技术体系进行梳理，剖析各项技术产生的环境、社会和经济效益，为识别绿色建筑综合效益评估指标奠定基础。

绿色建筑评价标准的不断修订和更新是绿色建筑技术不断成熟和体系不断完善的过程。《绿色建筑评价标准》（2006）年和《绿色建筑评价标准》（2014）的指标体系以传统的“四节一环保”为基础，技术内容基本一致，评价方法上有所区别。为了响应中国社会主要矛盾的变化，构建新时代绿色建筑供给体系，提升绿色建筑质量层次，《绿色建筑评价标准》（2019）在包含前两版标准技术内容的基础上，重构了指标体系，即“安全耐久、健康舒适、生活便利、资源节约、环境宜居”。为了保证技术分析的全面性和系统性，本节以《绿色建筑评价标准》（2019）的评价框架为基础对绿色建筑技术体系的综合效益进行研究。

一　安全耐久技术及效益分析

安全耐久评价板块是《绿色建筑评价标准》（2019）的新增内容，以提高建筑安全性能为起点体现绿色建筑以人为本的核心思想，从延长建筑使用寿命的角度缓解建筑行业高消耗、高排放的现状。这个板块的技术不仅可以提升建筑品质，带来社会效益；也通过降低建筑各阶段的环境影响产生可观的环境效益。

（一）安全性技术

建筑具备良好的安全性能是居住者生存生活的基本需求。首先，建筑的性能应能抵御自然灾害的影响，充分发挥庇护所的作用；其次，建筑各部分的设计应能满足使用者日常活动的安全性要求，避免各类安全事故的发生。《绿色建筑评价标准》（2019）从场地安全和安全设计两个方面提出了一系列技术，通过在建筑设计阶段充分考虑安全影响因素，提高建筑的安全性，减少因建筑安全事故造成的社会经济损失。

在场地安全方面，绿色建筑在选址过程中以全面的安全评估为必要前提，避开滑坡、泥石流等地质危险地段，且保证场地内无危险化学品、易燃易爆危险源的威胁和电磁辐射、含氡土壤的危害。这些基本要求从根本上保障了建筑使用者的生命健康，降低了疾病发生率和意外事故的伤亡率。2023 年，中国共发生滑坡、崩塌、泥石流等地质灾害 3666 起，[①] 虽然灾害级别以小型为主，但仍然造成了不同程度的伤亡和经济损失。从 2023 年 7 月底到 8 月初，受台风“杜苏芮”残余环流影响，京津冀等地遭受极端强降雨，引发严重暴雨洪涝、滑坡、泥石流等灾害，因灾死亡失踪 107 人，倒塌房屋 10.4 万间，严

① 国家防灾减灾委员会办公室、应急管理部：《2023 年全国自然灾害基本情况》，https：//www.mem.gov.cn/xw/yjglbgzdt/202401/t20240120_475697.shtml。

重损坏房屋45.9万间，一般损坏房屋77.5万间，直接经济损失达1657.9亿元。[①] 因此，绿色建筑对于场地安全的强制性要求提高了建筑的抗风险能力，间接产生社会效益和经济效益。

在安全设计方面，绿色建筑通过在设计过程中全面考虑各种结构的安全风险，降低安全事故的发生率。主要的技术措施包括提高阳台、外窗、防护栏杆等安全防护水平；设置外墙饰面、门窗玻璃意外脱落的防护措施；利用场地或景观形成可降低坠物风险的缓冲区、隔离带；采用具有安全防护功能的产品或配件；室内外地面或路面设置防滑措施以及采取人车分流措施。随着中国城镇化水平的不断提高，城市内高楼林立，人口居住密集，高空坠物伤人事件时有发生，这类事故发生的原因主要包括三个层面，即技术层面、管理层面和体制机制层面，其中，技术层面是导致事故发生的直接原因。[②] 因此，绿色建筑中各类安全设计技术和措施的落实对于降低意外损失具有重要作用。除此之外，绿色建筑鼓励采用基于性能的抗震设计并合理提高建筑的抗震性能，是减少地震房屋损失、人员伤亡和经济损失的重要基础，可带来潜在的社会效益和经济效益。

（二）耐久性技术

绿色建筑的耐久性技术通过采用适变性措施提高建筑功能的灵活性，通过耐久性材料的应用降低维护成本，实现延长建筑使用寿命、减少大拆大建频率的目标。

适变性措施是指能够实现建筑功能可变性的技术，包括采取通用开放、灵活可变的使用空间设计方式；建筑结构与建筑设备管线分离的设计方法；采用与建筑功能和空间变化相适应的设备设施布置、控制方式。提高建筑适变性不仅可以让建筑更加实用，满足不同使用者的需求；也可以提升建筑对气候的适应性，实现资源节约和可持续发展目标。

耐久性技术适用于建筑的各类结构材料和部品部件。例如，管

---

① 国家防灾减灾委员会办公室、应急管理部：《2023年全国十大自然灾害》，https://www.mem.gov.cn/xw/yjglbgzdt/202401/t20240120_475696.shtml。

② 柴志坤主编：《城市住宅小区安全风险防控》，同济大学出版社2021年版。

材、管线和管件应注重耐腐蚀、抗老化性能；活动配件应采用长寿命产品并考虑部品组合的同寿命性；混凝土、钢构件等结构材料应采用高耐久性产品，将建筑的耐久性设计提高到100年；装饰装修材料应合理采用耐久性好、易维护的产品，包括外饰面、防水密封材料、室内装修材料等。在建筑设计和建造阶段充分考虑耐久性技术的应用，一方面，可以通过降低维护频率减少建筑运营阶段的成本，另一方面，可为维护、更换操作提供方便条件，通过减少人力和时间消耗减少维护成本。结构材料的耐久性对于建筑使用寿命的影响非常大，而建筑寿命的长短对于经济发展也具有非常重要的影响。建筑建造过程中消耗大量的资金、资源及劳动力，只有充分发挥使用价值，才会保证社会财富不流失，避免土地频繁转让导致的分配不公平现象，减少建筑垃圾产生量。因此，绿色建筑耐久性技术的应用不仅可以带来经济效益，也可以产生社会和环境效益。

二　健康舒适技术及效益分析

绿色建筑的健康舒适技术以人的各个感官为出发点，通过采用不同的技术提供良好的声、光、热及空气环境，对每一项室内环境要素的质量进行提升，从而保障舒适健康的生活空间，满足使用者的需求，带来社会效益。

（一）室内声环境

随着城市人口的不断提升，城市功能越来越密集，噪声源也在增多。噪声对人体的危害是全身性的，既可以引起听觉系统的变化，也可以对非听觉系统产生影响，例如，容易导致心理压力增加，加重忧虑、愤怒、疲劳等消极情绪；能明显损害人的认知能力，降低思维的连贯性和敏捷性，严重影响人的思维效率，降低工作效率；过高的背景噪声会妨碍人与人之间的语言交流，甚至产生“鸡尾酒会效应”。这些影响的早期表现主要是生理性改变，长期接触比较强烈的噪声，可以引起病理性改变，已成为学者、研究机构及公众关注的焦点。盘莉莉指出，噪声污染的影响效果与其他污染的影响效果不同，类似于“慢性病”，主要的危害包括干扰休息和睡眠，影响工作效率；损伤听觉、视觉等器官；影响人的中枢神经系统，造成大脑皮层的损伤，严重时人还会出现头晕眼花、失眠失忆、精神紊乱等严重问题，甚至还会危害人的心脑血管系统，根据相关调查和不完全统计表明，地区的噪声每上升 1 个分贝，该地区的高血压发病率就会相应增加 3 个百分点。[①] 杨帆指出，有调查显示，在接触噪声的 80 名工人中，视力出现红、白、绿三色视野缩小者达到 80%。吵闹环境下的儿童比安静环境中的儿童智商低 20%，免疫功能也较低，身体各种营养素的消耗量也更多。[②]

在绿色建筑的设计中，可采用隔音性能较好的构件和楼板，保证主要功能房间可以维持良好的噪声级。为了解决建筑内的噪声干扰问题，应合理安排建筑平面和空间功能，并在设备系统设计时考虑噪声与振动控制措施，例如，变配电房、水泵房等设备用房的位置不应放在重要房间的正上方或正下方，采用同层排水、旋流弯头等措施和产品改善卫生间的排水噪声。

（二）室内光环境

建筑室内采光质量对于居住者的生理和心理健康都很重要。有实验表明，在同样照度的条件下，人在自然光环境的辨认能力优于人工光，因此，自然光更有利于人们工作、生活、保护视力和提高劳动生产率；同时，可以增加室内外的自然信息交流，调节使用者的心情。所以，应尽量将自然光引入室内，给人们提供更舒适的生活和工作空间。主要的技术手段包括合理设计房间的窗户面积和位置；采用反光板、棱镜玻璃窗、天窗、下沉庭院、导光管等改善地下空间和大进深的地上空间。

除自然采光外，建筑设计也应考虑人工照明的舒适性，保证照明产品的光生物安全性，避免对室内人员的健康产生影响。研究表明，人在不同的时间、场景下对于色温的需求有一定的差异，通过调节色温来满足这种差异性可以进一步提升光环境质量。

---

① 盘莉莉：《城市噪音污染之探讨》，《华东科技》（综合）2018 年第 3 期。

② 杨帆：《浅析我国城市噪音污染的影响与控制》，《农家科技》（下旬刊）2012 年第 4 期。

（三）室内热湿环境

建筑室内的热湿环境直接影响人体舒适感，很多“建筑病”的发生都与室内的热湿环境有关系。房间的温度、湿度以及新风量是衡量室内热环境舒适度的重要指标，应避免结露发霉、过冷过热等现象的发生。将供暖空调系统末端设计成可独立调节的形式，让人们可以根据体感变化随时进行控制和调节，提高人们对室内热湿环境的满意度。

遮阳装饰与人工照明系统的协同控制不仅可以保证良好的光环境，避免室内产生过高的明暗亮度对比，还能在较大程度上降低夏季建筑的得热量，在减少照明能耗的同时降低空调的能源消耗。可调节外遮阳可以根据太阳光的不同投射角度选择适宜的遮阳方式，在保证室内自然光舒适性的同时，降低建筑夏季的空调能耗，提高冬季进入建筑的热辐射量，通过降低冷负荷的方式减少冬季供热能源消耗。在设计阶段，外遮阳的节能效果可以通过建筑能耗数值模拟的方式进行量化分析。在运行阶段，可以通过对比分析能耗监测数据获得节能量，研究表明，不同遮阳方式、不同地域的节能量也不同（见表2-1）。

表2-1　　外遮阳技术节能效益研究文献汇总

主要结论	作者	地点
采用固定外遮阳节能率可提高2.79%，采用活动百叶外遮阳设施节能率提高3.94%，采用不透明活动卷帘节能率提高4.15%，采用半透明活动卷帘节能率提高2.53%	何正亚等	合肥
与不采用遮阳设施的建筑比较，采用遮阳设施的建筑空调耗电量降低幅度范围为3.37%—11.04%；对建筑采暖能耗的影响因遮阳类型不同而差异明显，最多降低0.87%，最高增加1.54%；就全年总耗电量而言，遮阳材料透射比为0的可升降活动外遮阳综合节能效果最优，可降低建筑全年总耗电量的4.78%	楚洪亮等	上海
建筑采用外遮阳产品后，在相同天气条件下，室内平均温度降低10℃左右，室内最高温度降低20℃左右。通过相关节能公示推算得出，理论节电量为30%，而实测得到的节电量高达51%	吴亚洲	北京
百叶的倾角和间距设置对于建筑能耗的影响不同，一般当倾角为30°时，建筑总能耗达到最低值，除拉萨外，其他光区的代表城市的建筑全年节能率都达到10%以上	许倩语	不同光气候区

续表

主要结论	作者	地点
不同形式的外遮阳以及不同的设计参数对建筑的节能效果都有一定的影响，其中，西向窗户采用外遮阳的节能效果最佳，节能率为6.2%—14.3%	张祎	寒冷地区
通过案例计算得出，采用遮阳技术的建筑能耗节电量可达6.29%，有效降低了建筑能耗	柳春蕾	山东

资料来源：何正亚等：《合肥地区居住建筑不透明活动外遮阳节能率分析与应用》，《安徽建筑大学学报》2017年第6期；楚洪亮等：《建筑遮阳设施对建筑能耗的影响分析》，《山东建筑大学学报》2016年第1期；吴亚洲：《浅谈建筑外遮阳节能性能与我国寒冷地区外遮阳节能性能实测》，《建设科技》2018年第9期；许倩语：《不同光区百叶外遮阳对室内光环境及能耗的影响研究》，硕士学位论文，西华大学，2017年；张祎：《外遮阳百叶形式对能耗与舒适度的影响研究——以天津地区为例》，硕士学位论文，天津大学，2017年；柳春蕾：《基于山东地域特点的建筑遮阳绿色技术研究》，硕士学位论文，山东建筑大学，2014年。

（四）室内空气质量

近年来，因室内空气污染物导致疾病的案例频发，室内空气质量越来越受到人们的关注，主要的污染物质包括室内装修产生的甲醛和苯系物等挥发性有机化合物（VOCs）以及室外空气带来的颗粒物。通常，室内VOCs的浓度是室外的2—5倍，对人体健康的急性影响主要是刺激眼睛和呼吸道，导致流泪、皮肤过敏，严重者使人产生头痛、咽痛与乏力等症状。研究表明，吸入的颗粒物粒径越小，进入呼吸道的部位越深，对健康危害越大，并且颗粒物对易感人群（儿童、老人、体弱人群、呼吸系统疾病等人群）的健康危害更严重，可能引发包括哮喘、支气管炎和心血管等疾病甚至癌症。当空气中的甲醛浓度超过0.6mg/m^3时，即会使人的眼睛感到刺激，咽喉感到不适和疼痛；吸入高浓度甲醛会导致呼吸道严重刺激、水肿和头痛，可诱发过敏性鼻炎、支气管哮喘等，严重时可导致死亡。WHO所属的国际癌症研究组织（IARC）研究表明，长期接触甲醛可以导致暴露人群的鼻咽癌、白血病、鼻窦癌和其他肿瘤的发生率显著增加。苯系物对人体健康的急性影响主要是刺激眼睛和呼吸道，导致流泪、皮肤过敏，严重者使人产生头痛、咽痛与乏力等症状，而苯已明确为人类致癌物。在建筑项目实施过程中，即使所使用的装修材料、家具制品均满足各自污染物限量控制标准，但装修后多种类或大量材料制品的叠加使用，仍可能造成室内空气污染物浓度超标并危害人体健康。[①] 很多学者对此开展了针对性研究（见表 2-2）。因此，控制空气中各类污染物的总浓度指标是保障建筑使用者健康的基本前提。绿色建筑中保障室内空气环境质量的技术措施主要有：优化建筑空间和平面布局，改善自然通风效果；合理设计气流组织；设置室内空气质量监控系统，随时发现问题，及时分析，尽快采取改善措施。

表 2-2　　室内环境健康影响研究文献汇总

主要结论	作者	地点
室内有发霉现象、结露伴发霉现象、过去 10 年室内地板重新装潢、室内使用芳香剂均会显著增加儿童呼吸道过敏的患病风险；过去 10 年室内地板重新装潢、儿童卧室制冷使用空调和开窗通风会显著增加儿童花粉症的患病风险；过去 10 年室内墙壁重新喷漆、儿童卧室制冷使用空调和开窗通风会显著增加儿童某种过敏疾病的患病风险。比较秋、冬季住宅室内污染状况与相关污染参数限值标准发现，PM2.5、TVOCs、DBP、DEHP、枝孢属、青霉属和曲霉属是影响长沙地区儿童过敏健康的风险因素	胡锦华	长沙
相对湿度过高，室内的异味感增强，相对湿度低于 20%的家庭住户患有呼吸系统及消化系统等疾病，且均在冬季起床时出现较为严重的鼻子和喉咙干燥感；在睡眠期间，有些家庭卧室二氧化碳长时间处于高浓度状态，带来较为严重的健康危害	周敏	哈尔滨、长春和沈阳

资料来源：胡锦华：《城市建筑室内环境对儿童健康风险的影响研究》，博士学位论文，湖南大学，2017 年；周敏：《东北地区居住室内环境健康性能评价方法研究》，硕士学位论文，大连理工大学，2016 年。

三　生活便利技术及效益分析

绿色建筑生活便利技术注重提升建筑配套功能的完善性，从绿色

① 中华人民共和国住房和城乡建设部、中华人民共和国国家质量监督检验检疫总局发布：《中华人民共和国国家标准（GB/T 50378-2014）：绿色建筑评价标准》，中国建筑工业出版社 2014 年版。

出行、公共服务、智慧运行、物业管理四个方面提高建筑使用者的体验感和满意度，在提升社会效益的同时，促进绿色低碳生活方式的普及，带来环境效益。

（一）绿色出行

交通运输业是城市运行的重要系统，也是主要的用能部门之一，不同的交通方式所消耗的能源量不同。地铁能耗强度是每人每公里2.811克标准煤，公交能耗强度是每人每公里6.218克标准煤，远低于出租车的能耗强度（每人每公里24.673克标准煤），相应的排放强度也低50%以上。[①] 人们在出行的选择上主要考虑三个方面，即便捷性、高效性和成本，公共交通具有明显的高效性和低成本特点。通过提高建筑与公共交通联系的便捷程度，可以提高人们选择公共交通的意愿，从而缓解城市交通拥堵问题，降低交通领域的碳排放。Chatman利用美国加州大城市家庭的调查数据，分析了发展密度对公共交通的影响，主要包括活动密度对公共交通距离的影响，路网负荷密度对机动车行进速度的影响以及建成区域密度对步行质量的影响。虽然主要结论表明密集的发展策略对于公共交通的影响不大，但部分数据显示，居所与站点之间的步行环境对于非工作活动选择公共出行的频率具有较大的影响。[②] Kitamura等从市政的角度说明了交通可达性与居民出行碳排放之间的关系，研究表明，住所离公交站点的距离越近，非机动车出行的比重越大，例如，距离地铁站点900米内的居民中地铁出行的人数只有500米内居民的一半。[③] 王伟强等选取上海曹杨新村作为实证对象，结合调研问卷数据，研究了住区模式类型与居民公共交通出行碳排放的相关性。结果显示，公共交通站点可达性与碳排放基本呈负相关关系，说明住区到公共交通站点可达性越高，人

① 张秀媛、杨新苗、闫琰：《城市交通能耗和碳排放统计测算方法研究》，《中国软科学》2014年第6期。

② Chatman D. G.，"Deconstructing Development Density：Quality，Quantity and Price Effects on Household Non-work Travel"，*Transportation Research Part A*，2008，42（7）：1008-1030.

③ Kitamura R.，Mokhtarian P. L.，Laidet L.，"A Micro-analysis of Land Use and Travel in Five Neighborhoods in the San Francisco Bay Area"，*Transportation*，1997，24（2）：125-158.

均交通碳排放会越低。[①] 绿色建筑在评价中将场地与公交设施的便捷联系作为重要的评价指标之一，通过缩短出入口到达公交站点的距离、设计便捷的人行通道以及配备公交专用接驳车，提高公交出行的便利性。

除公共交通外，发展新能源汽车也是交通领域应对气候变化、推动绿色发展的战略举措。电动汽车能够加快燃油替代，减少污染排放，是实现低碳发展目标的有效措施。为了保障新能源汽车的发展需求，绿色建筑要求具备充电设施或安装条件，促使更多建筑使用者选择低碳的出行方式。另外，自行车出行也是绿色交通的重要组成部分，在荷兰、丹麦和德国，自行车交通一直保持相当高的发展水平。丹麦哥本哈根素有“自行车之城”的称号，36%的上下班、上下学通勤是利用自行车完成的，[②] 这与当地完善的自行车道路网规划和配套政策密不可分。随着中国经济的高速发展，在很多高楼林立的区域，自行车停放问题成为很多骑行人的烦恼。绿色建筑的设计中提倡设置规模适度、布局合理、符合使用者出行习惯的自行车停车场所，为使用绿色环保交通工具的人群带来便利，在促进绿色交通发展的同时，也通过鼓励健康的出行方式减少人们的疾病成本，带来社会效益。

（二）公共服务

公共服务设施的空间布局理论由美国经济学家泰兹于 1968 年首次提出，之后的研究目标局限在成本最小化或利润最大化。直到 20 世纪 50 年代，现代区位论开始关注居住区公共服务设施的区位选择，且开始注重社会效益，为公共服务设施布局的研究奠定了理论基础。[③] 居住环境如果具有全面的公共服务配套，人们就可以提高日常生活的时间利用效率，不仅可以创造更大的社会福利，也可以增加土地利用价值。

---

① 王伟强、李建：《住区模式类型与居民交通出行碳排放相关性研究——以上海曹杨新村为例》，《上海城市规划》2016 年第 2 期。

② 王晶晶、刘欣、王静：《自行车骑行对健康的影响及相关政策研究进展》，《体育科研》2015 年第 5 期。

③ 程顺祺等：《国内外公共服务设施空间布局研究进展》，《热带地理》2016 年第 1 期。

除社会效益之外，公共服务设施的集中设置还可以减少人们办事出行的交通能源消耗，有助于交通领域的节能。满洲等结合南京市江宁区典型居住区的调研数据，初步分析了城市居住区周边土地混合度对通勤交通碳排放的影响，研究得出，两者相关系数为-0.49，表明土地混合度越高，通勤交通碳排放越低。[①] 黄经南等以武汉市为例，分析了住家周边土地混合度与家庭日常交通出行碳排放之间的关系，结果表明，土地混合度越高，出行碳排放越低，相关系数为-0.063。[②]

在绿色建筑的规划建设中，要求居住建筑到达幼儿园、小学、中学、医院、文化活动、商业服务等主要公共服务设施的步行距离不应过远；公共建筑应尽量提供两种及以上主要公共服务功能，提高共享空间的使用效率，实现公共资源的最优化配置。

（三）智慧运行

随着智能技术的不断进步和大数据时代的到来，建筑的智慧化运行已成为高品质、高质量生活的必要需求。绿色建筑从能耗管理、空气质量监测、水系统监管和智能化服务四个方面提出了智慧运行的要求，以保障使用者健康安全为首要目的，进一步提升体验感，从而提供舒适、便利、高效的人性化建筑环境。

智慧化的能耗管理技术包括设置分类、分级用能自动远传计量系统，设置监测、分析和管理建筑能耗的能源管理系统。能耗管理是建筑实现运行节能目标的基础条件，通过能耗水平的可知、可见、可控达到优化运行、降低消耗的目的。主要监测的暖通空调设备包括冷热水机组、冷热水泵、新风机组、空气处理机组、冷却塔等，电气设备包括照明、插座、动力等。苏州现代传媒广场是苏州地标性文化综合体项目，在运营过程中出现了很多能源管理问题，因此开发建设了智慧能源管理平台，实现了对建筑能耗数据的及时分析和诊断，从而发现并纠正了不合理用能行为，全年可节约水电费约 60 万元，提升了物业管

① 满洲等：《城市居住区周边土地混合度对居民通勤交通碳排放的影响——以南京市江宁区典型居住区为例》，《人文地理》2018 年第 1 期。

② 黄经南等：《住家周边土地混合度与家庭日常交通出行碳排放影响研究——以武汉市为例》，《国际城市规划》2013 第 2 期。

理人员的工作效率和节能环保意识，产生了明显的经济和社会效益。[①]

空气污染物传感装置和智能化技术的完善普及实现了建筑内空气污染物的实时采集监控。绿色建筑要求设置PM10、PM2.5、二氧化碳浓度的空气质量监测系统并储存至少一年的监测数据，在维持室内环境健康舒适的同时，通过及时调整通风和空气净化处理系统的运行模式，减少非必要的能源消耗。

水系统的智慧化管理对象主要包括水量和水质两个方面。绿色建筑要求设置用水量远传计量系统，实现分类分级记录、统计和分析用水情况的功能，进一步通过计量数据的分析自动检测管网漏损情况，减少水资源的浪费。水质检测系统要求实现对生活饮用水、管道直饮水、游泳池水、非传统水源、空调冷却水等各类用水的水质进行监测，避免水质污染对建筑使用者造成健康危害，从而降低疾病支出，通过间接的方式增加建筑的社会效益。

（四）物业管理

物业管理是绿色建筑长期高效运行的重要保障，有效的物业管理才能让绿色建筑保持较高的环境、社会和经济效益水平。绿色建筑从管理制度、效果评估以及宣传实践三个方面对物业管理提出了具体的要求。第一，物业管理单位应制定完善的节能、节水、节材、绿化的操作规程和应急预案，通过合理的考核体系不断提高物业管理单位的绿色运行能力。第二，应制定绿色建筑运营效果评估的技术方案和管理计划，定期检查和调适公共设施设备，通过节能诊断评估动态优化建筑各类设备的运行水平。第三，建立绿色教育宣传和实践机制，通过绿色建筑技术宣传、绿色生活引导、绿色性能满意度调查等方式，形成良好的绿色氛围，促进绿色理念在全民思想中的普及。这些措施在保障建筑绿色运行水平的同时，还可以在一定程度上降低物业管理单位的经营成本，产生经济效益。

四　资源节约技术及效益分析

绿色建筑资源节约技术以建筑全生命周期消耗的土地、能源、水

---

① 周咏等：《智慧能源管理平台在大型公共建筑中的应用研究——以苏州现代传媒广场为例》，《建筑节能》（中英文）2021年第3期。

资源和材料为应用对象，针对设计、施工、运行和拆除不同阶段的特点，采用适宜的技术，尽可能降低建筑全生命周期的环境影响，实现绿色低碳和可持续发展目标。

（一）节约土地

城市规模的扩张带来了很多土地问题，如建设用地紧缺、原始地貌破坏、土壤污染等。土地作为生产生活必不可少的有限自然资源，只有通过高效的利用措施才能实现可持续的发展。绿色建筑提倡集约的用地方式，以缓解土地资源的稀缺现状，具体的技术措施包括四个方面。第一，控制居住建筑的人均居住用地指标。针对不同层数的建筑提出不同的用地指标要求，人均用地面积越小，越能体现建筑用地的集约性。综合考虑居住舒适性及区域内土地供应现状，设计合理的层数，满足消费者需求的同时尽量缓解土地资源的稀缺现状。第二，提高公共建筑容积率。作为服务于大众的公开场所，容积率越大说明建筑用地的功用性越高，通过提高建筑功能的综合性设计，利用有限的土地提供尽可能多的服务，实现城市容纳能力的升级。第三，合理开发地下空间。通过开发利用地下空间可以大大缓解地上空间不足的问题，可将地下空间作为停车使用或商业活动区域等，不仅有效提升了地下空间的使用价值，还会为投资者带来一定的经济收益。第四，采用立体式停车库。随着生活水平的日益提高，私家车的保有量持续增长，停车空间的不足是很多大城市面临的棘手问题。机械式停车库或停车楼等立体式停车方式可以实现土地的集约利用，从而缓解土地空间不足与不断增加的停车需求之间的矛盾。

（二）节约能源

建筑节能一直是全社会能源减耗的重点工作。根据《2023 中国建筑与城市基础设施碳排放研究报告》，2021 年全国建筑能耗总量为 19.1 亿吨标准煤，占全社会总能耗的 36.3%。[①] 建筑节能以及能源的综合利用一直是建筑实现绿色目标的重要措施，绿色建筑节能技术体

---

① 建筑杂志社：《〈2023 中国建筑与城市基础设施碳排放研究报告〉发布》，https://mp.weixin.qq.com/s/qXTeoNomFZiSvm-YPdvs-Q。

系主要包括三大类型：被动式节能技术、主动式节能技术和新能源应用技术。

被动式节能技术通过增强建筑围护结构性能，减少建筑运行过程中的冷热负荷，从而降低对能源的需求，主要包括三种技术类型。

第一，通过设计优化降低建筑本体的能源需求。绿色建筑的核心思想是因地制宜，最大限度地实现其与自然条件的和谐发展，因此，建筑设计中的关键是充分利用环境资源禀赋。中国关于民用建筑的节能设计体系已相对完善，在满足标准强制性要求的同时，还应进一步考虑建筑被动式设计的优化，主要包括体形、平面布局、朝向、围护结构热工性能、窗墙比等。在优化的过程中，不仅需要考虑当地气候条件，还需要综合场地周边的社会历史文化、地形、城市规划、道路、环境等条件的制约因素，权衡各因素之间的相互关系，通过多方面分析优化建筑的规划设计，尽可能地提高建筑在夏天、过渡季节的自然通风效果和冬季的采光效果。建筑总平面设计的原则是在综合考虑基地容积率、限高、绿化率、交通等功能因素的基础上，通过优化体形、朝向和室内平面布局，让建筑在冬季能获得足够的日照并避开主导风向，在夏季能实现有效的自然通风并减少太阳辐射。在此基础上，综合优化建筑的窗墙比、遮阳构件等外立面元素，对围护结构性能进行整体提升。很多学者的研究成果均证明了建筑的设计优化可以降低能源消耗（见表 2-3）。

表 2-3　建筑设计优化节能效益研究文献汇总

主要结论	作者	地点
建筑体形系数和朝向对建筑能耗有较大的影响，包括随着体形系数的增加，全年空调能耗、采暖能耗以及全年总能耗呈非线性增加；随着建筑朝向由南偏西向南偏东偏转，能耗呈减少趋势，但是南偏东 10°为临界点，超过后，采暖空调能耗呈增加趋势，因此，武汉地区板式居住建筑南偏东 10°为最佳朝向	李运江等	武汉
建筑朝向对能耗有着显著影响，南北向时建筑能耗比东西向时低 15%左右	胡达明等	夏热冬暖地区

续表

主要结论	作者	地点
在以低能耗为出发点的建筑设计中，应首先考虑建筑平面形状的选择，其次为建筑高度、进深向长度、开间方向总长度。而建筑高度对能耗的影响远大于建筑开窗程度对能耗的影响，南向开窗面积的增大对能耗的影响较小，北向与东西向开窗面积对能耗的影响较大	张冉	严寒地区
建筑平面越是凹凸多变，对建筑体形系数的影响就越大，建筑耗热量也越高；建筑的长度在 15—20 米对于控制建筑体形系数比较有利；在建筑进深的长度一定时，增加建筑单元的个数，建筑体形系数的变化不大且呈现逐渐减小的趋势；建筑的体形系数随着层高的增加而逐渐减小；增加建筑层数或建筑高度也有利于控制建筑体形系数；建筑的体形系数只有控制在 0.3 左右，相应的耗热量指标才会在允许的限值内浮动变化	牛帅	青岛

资料来源：李运江等：《基于采暖空调总能耗的武汉地区居住建筑建筑最佳朝向研究》，《南方建筑》2016 年第 6 期；胡达明等：《夏热冬暖地区居住建筑朝向对能耗的影响分析》，《建筑节能》2017 年第 5 期；张冉：《严寒地区低能耗多层办公建筑形态设计参数模拟研究》，硕士学位论文，哈尔滨工业大学，2014 年；牛帅：《影响居住建筑节能设计因素的分析与研究——青岛居住建筑节能设计初探》，硕士学位论文，青岛理工大学，2013 年。

第二，利用自然通风降低建筑暖通空调系统的能源消耗。通过合理设计建筑外窗的开启面积和位置，可以实现良好的自然通风效果，从而稀释室内空气污染物，让建筑在过渡季节和夏季具备较高的室内空气品质，提高室内舒适性，保障使用者的身体健康。同时，可以降低建筑夏季和过渡季节的热负荷，减少对暖通空调设备的使用需求，降低建筑能源消耗。

第三，通过围护结构的性能提升降低室外气候变化对室内环境的影响。外墙、屋顶、外窗、幕墙等围护结构是建筑主要的热传导部位，通过优化传热系数和太阳得热系数等性能参数，可保持室内热环境处于较稳定的水平，从而降低供冷、供热需求。研究表明，建筑围护结构性能的提升可以将建筑能耗降低 20%—68.65%（见表 2-4）。

表 2-4　　　　　　　围护结构性能节能效益研究文献汇总

主要结论	作者	地点
建筑围护结构对供暖能耗影响很大，其传热系数越小，供暖能耗越低，建筑越节能。其中，外墙节能潜力最大，可达 18.35%，外窗为 15.64%，屋面为 4.53%，围护结构整体节能潜力为 68.65%，具有 1+1>2 的作用	逯红梅、王亚茹	中国青岛
外墙的保温性能对建筑冷、热负荷的影响是决定性的，基本与建筑负荷呈线性关系，并对热负荷的影响远大于冷负荷；外窗的传热系数对建筑冷负荷的影响小于热负荷，影响最大的为南向窗户，每增加 1 瓦/平方米·开尔文，冷负荷增加 1.6%，热负荷增加 9%；外窗的综合遮阳系数变大对减小冷热负荷均有利，每增加 0.1 瓦/平方米·开尔文，冷负荷减少 2.5%，热负荷减少 1.9%；屋面传热系数对负荷的影响不明显，每增加 1.0 瓦/平方米·开尔文，冷热负荷变化在 1%左右	段良飞等	寒冷地区
在住宅建筑中，用于制冷和供热的能耗占住宅总能耗的 60%—70%，围护结构的性能对室内热环境和能耗影响较大，优化后，计算模型中空调的制冷供热能耗占总能耗的百分率由 69%降到 57.5%，全年总能耗每平方米节省 24%，能耗费用节省 23%，每年节约 13000 元	蔡龙俊、姚灵锋	中国上海
具有较好热性能的围护结构可有效降低温室气体排放及能源需求，降低比例为 20%—64%	Hamdaoui 等	摩洛哥
通过对案例建筑主要室内参数的监测和模拟，得出各种因素对建筑年负荷的影响比例，影响程度从高到低的排序为：渗透率（20%）、保温厚度（4.5%）、保温类型（3.3%）、水泥砂浆厚度（0.4%）、填充墙水泥厚度（0.3%）	Porcar 等	西班牙

资料来源：逯红梅、王亚茹：《寒冷地区新农村住宅围护结构性能对供暖能耗的影响分析》，《建筑节能》2018 年第 3 期；段良飞等：《基于外围护结构性能的住宅建筑能耗模拟分析》，《建筑节能》2015 年第 4 期；蔡龙俊、姚灵锋：《上海地区住宅围护结构性能对全年空调采暖能耗的分析》，《建筑节能》2010 年第 2 期；Hamdaoui S.，et al.，"Energy Demand and Environmental Impact of Various Construction Scenarios of an Office Building in Morocco"，*Journal of Cleaner Production*，2018，188（Jul. 1）：113-124；Porcar B.，et al.，"Quantification of the Uncertainties Produced in the Construction Process of a Building through Simulation Tools：A Case Study"，*Journal of Building Engineering*，2018，20（Nov.）：377-386。

主动式节能技术是指实现建筑内功能系统以及用能设备节能目标的技术，主要包括暖通空调系统节能技术、照明和电气设备节能技术。暖通空调设备系统是建筑的核心用能系统，能耗占建筑总能耗的比重高达50%，节能潜力巨大。从冷热源机组到输配系统设备，每个环节的效率对于暖通空调系统的整体能效都具有关键作用。在绿色建筑中，针对暖通空调系统可采取多方面的节能技术措施，包括选择合适的系统形式、提高锅炉额定热效率、提高制冷机组的性能系数、提高水循环泵的耗电输热比、降低风机的单位风量耗功率等。在此基础上，可以根据项目所在地的气候条件和周边资源，综合利用各种形式的能源，采用排风能量回收系统、蓄冷蓄热系统、余热废热利用系统以及可再生能源系统等，降低建筑对传统能源的依赖。通过这些技术的综合应用，可以大大提高暖通空调系统的综合效率，降低能源消耗，尤其是对于能耗水平较高的公共建筑，合理的设计结合高效的设备可以为其带来较大的节能量。

照明系统的分区控制、定时控制、自动感应开关、照度调节等措施对降低照明能耗作用明显。梁岩以长春北站换乘中心工程为例，对地下停车场的照明系统进行了改造，总建筑面积为57600平方米，改造措施主要包括采用LED灯和智能控制系统。分析结果显示，改造后的照明系统不仅降低了单个灯具的耗电量，也通过智能控制系统减少了灯具每日的运行时间，从而使每年节电量达到192369.6度（3.33度/平方米·年）。① 刘桂涛等以湖北工程学院化学综合楼照明为例，计算了采用智能控制后的节电量并进行了效益分析。其中，卫生间、楼梯间和走道等公共空间采用智能声光控制，会议室、门厅采用定时控制和照度感应控制，办公室、多功能学习室、值班室采用定时控制、照度控制和人体感应控制，仪器室、电脑室、弱电机房、变配电室等采用人体感应控制。采用以上系统后，根据智能控制系统的寿命使用期，15年内可节约电量129.61万千瓦·时。② 除此之外，被动式照明技术也可以减少建筑能耗，主要通过导光管、增设窗户等方式使地下空间、建筑顶层等位置可以利用自然光进行照明，其原理是通过充分利用自然光降低建筑空间对于照明设备的需求。

---

① 梁岩：《建筑照明节能设计与效益分析》，硕士学位论文，吉林建筑大学，2016年.

② 刘桂涛、徐翠琴、李志敏：《楼宇照明智能控制后节能计算及效益分析——以湖北工程学院化学综合楼为例》，《湖北工程学院学报》2017年第3期。

电气设备的节能选型及控制措施对于实现电气系统节能起着关键的作用，包括变压器、水泵、风机等选用节能型设备；垂直电梯采取群控、变频调速或能量反馈等措施；扶梯采用变频感应启动等节能控制措施。

根据建筑当地气候和自然资源条件利用可再生能源，可以为建筑运营提供源源不断的清洁能源，不仅减少了化石燃料的消耗，也降低了建筑能源费用。建筑作为城市能源消耗的主要载体，可再生能源的应用比例在一定程度上体现了城市与环境和谐发展的深度，对推动用能端低碳改革具有重要作用。建筑的可再生能源技术主要包括太阳能热水系统、太阳能光伏发电系统、地源热泵空调系统等。

（三）节约水资源

水资源是社会生活与经济活动必不可少的要素，但中国大部分城市都属于缺水城市，因此，节约水资源是实现经济社会可持续发展目标的重要措施。建筑作为水资源的重要传输体，涉及用水流程的多个环节。考量建筑节水性能的重要指标包括水资源循环利用率、单位面积用水量和污水排放量。绿色建筑秉承开源节流的思想，通过供水系统节水设计、采用节水设备和综合利用非传统水源等措施降低建筑用水需求和污水排放量，从而缓解水资源紧缺现状；减轻城市给排水基础设施的建设运维压力，节省主管部门的财政支出；降低使用者用水支出，提高日常生活的可支配收入，具有显著的环境、经济和社会效益。

建筑的供水系统是保障用水安全和用水质量的重要环节，合理的设计、输配管网设备的选择对于供水系统的高效运行和维护至关重要。首先，在设计中应实事求是地确定用水人数和面积等数据，切合实际地计算用水量，以满足用水需求和强制性节能设计标准为前提，为供水管网的设备选型提供可靠的依据，保证用水系统设计的合理性、安全性和完善性。其次，应合理设计供水压力，在满足用水器具给水额定流量的前提下，避免超压出流现象，降低无效用水量和对用水工况的不良影响，减少“隐形”水资源的浪费。最后，选用密闭性能好的阀门和设备，有效避免阀门故障流水量；使用耐腐蚀、耐久性能好的管材和管件，避免管网漏水量。管网漏损是中国城镇供水系统普遍存在的问题，中国漏损率一直居高不下，据有关部门统计，中国大多数城市自来水管网漏损平均为15%，供水漏损量超过40亿立方米，[①] 发达国家管网漏损率只有2%—3%，这种现象造成严重的水资源浪费。因此，避免供水漏损问题是提升供水系统整体性能的重要方面。在采用高性能供水设备和材料的基础上，还可以通过提高施工质量、安装计量装置、增强渗漏分析能力等措施，进一步降低漏损率。

建筑节水设备主要用于降低日常生活、绿化灌溉和空调设备的用水量。绿色建筑要求使用用水效率等级较高的卫生器具；绿化灌溉采用微灌、喷灌、渗灌、低压管灌等节水灌溉方式；空调冷却水系统采用节水设备或技术。在公共建筑中，集中空调系统的冷却水补水量很大，甚至占建筑用水量的30%—50%，通过在冷却水循环系统设置中水处理装置和化学加药装置可以改善水质，减少排污耗水量，也可以采取加大集水盘、设置平衡管或平衡水箱等方式避免停泵时的泄水和启泵时的补水浪费。另外，采用分体空调、风冷式冷水机组、风冷式多联机、地源热泵、干式运行的闭式冷却塔等无蒸发耗水量的冷却技术，可直接减少空调设备的水资源消耗。建筑的其他类型用水也可采用相应的节水技术，比如，采用节水高压水枪进行车库和道路的冲洗，采用自用水量较少的给水深度处理设施，采用用水效率较高的集中空调加湿系统，采用节水型专业洗衣机、循环用水洗车台等。根据建筑功能以及用水需求的不同，运用适宜的节水技术，可从多方面提升建筑的用水效率。

“节流”对于稀缺的水资源很重要，“开源”也一样关键。建筑水资源的“开源”技术主要以非传统水源的综合利用为主。非传统水源是指不同于传统地表水供水和地下水供水的水源，包括再生水、雨水、海水等。再生水又分为市政再生水和建筑中水，建筑中水的原水应优先选用优质杂排水和杂排水。优质杂排水是指杂排水中污染程度较低的沐浴排水、盥洗排水、洗衣排水、游泳池排水等。通过对非传统水进行收集、处理，可提高水源来量，从而降低自来水消耗。但在

---

① 马媛：《基于系统动力学的绿色建筑节水增量成本效益研究》，硕士学位论文，兰州交通大学，2016年。

利用过程中，要保证满足水质要求，根据不同用水目的采用不同水质的非传统水源，避免出现影响健康、环境污染等现象。绿色建筑中应用较广泛的是雨水回收利用系统，主要是因为雨水的水质优于生活污废水，处理成本较低，管理也相对简单。通常以收集屋面或地面雨水为主，处理后用于绿化灌溉、景观补水及道路冲洗，或作为应急水源使用。

（四）节约建筑材料

建筑行业所消耗的资源与材料约占全国资源使用量的 45%左右，[①] 其中，钢材消耗占比为 53%，[②] 水泥消耗占比更高。因此，建筑节材措施对于加快转变经济发展方式意义重大，是建设资源节约型、环境友好型社会的重要举措，不仅有助于建筑业的结构调整，对上下游产业的转型升级也具有重要的推动作用。[③] 绿色建筑应用了很多效果明显的节材技术，从节材设计和材料选用两个方面构建了较为完善的节材技术体系。

在满足国家相关标准的前提下，建筑设计的自由度较高，但并不是所有的建筑类型都具有良好的节材性能。形体不规则的建筑要比形体规则的建筑耗费更多的结构材料，不规则程度越高对材料的性能要求也越高。建筑结构布置及构造截面设计的不同会造成差异较大的材料用量。先土建后装修的常规流程常常会破坏已有的建筑构造，不仅增加了装修成本，还会造成材料浪费。因此，在建筑设计阶段要重点考虑建筑的节材性能，全面融合节材理念，为后期施工运营的资源节约打下坚实的基础。绿色建筑以造型简约、形体规则作为基本的节材设计要求，然后通过对地基基础、结构体系和构件的优化进一步提高节材量。为了避免装修过程中造成大量材料的浪费，实施土建工程与装修工程一体化设计逐步成为建设绿色建筑的必要措施，以提升建筑设

① 牛源：《绿色建筑节材和材料资源利用技术研究》，《建材与装饰》2019 年第 33 期。

② 孟凡君：《年需求近 5 亿吨　建筑用钢“超大规模市场”有待深耕》，https：//baijiahao. baidu. com/s?id=1787260824478738185&wfr=spider&for=pc。

③ 中华人民共和国住房和城乡建设部、中华人民共和国国家质量监督检验检疫总局发布：《中华人民共和国国家标准（GB/T 50378-2014）：绿色建筑评价标准》，中国建筑工业出版社 2014 年版。

计的质量和整体感，简化施工和装修流程，节约人力、时间和材料成本。同时，通过采用工业化内装部品进一步降低装修过程中的资源能源浪费，促进建筑内装的工业化、标准化、耐久化和绿色化发展。

良好的设计是前提，材料的选用是落实绿色设计理念的关键。新材料的产生是科技进步的重要标志，促进了各行各业的升级。绿色建筑通过采用预制材料、本地化建材、高强结构材料以及绿色建材达到节材的目的。

混凝土是建筑的主要材料，绿色建筑中提倡100%使用商品混凝土，与现场搅拌混凝土相比，商品混凝土可以节约水泥10%左右，具备更高的性能和质量，既能减少材料损耗，又能减少施工现场的噪声和粉尘污染。采用预拌砂浆是绿色建筑的控制项要求，与现场拌制砂浆相比，预拌砂浆具有性能好、质量稳定、低污染、低损耗、效率高等一系列优点，可降低建筑工程的综合造价，环境和经济效益显著。

建筑材料运输是施工阶段能源消耗的主要源头之一，长距离运输往往会造成大量的能源浪费和材料损失。首先，运输建材的车辆通常为特殊车辆，存在返程空载率较高的问题，不仅导致资源闲置和运输成本增加，[①] 也带来了范围较广的燃油污染排放。其次，建筑施工过程的不确定性较高，工期的变动对于建材的生产、运输和储存都会有比较大的影响，若选用较远的建材生产地，会增加隐形的经济和时间成本。最后，建筑材料具有品种多样、性质不一、容易损坏丢失的特点，长途运输过程中存在较高的安全风险，易造成建材损失。绿色建筑提倡采用本地建材，以减少远程运输带来的各种环境污染和原材料浪费，是综合效益较高的绿色技术。

高强度钢筋是比较典型的节材节能环保产品，在绿色建筑中得到了大面积的推广应用，对混凝土结构中梁、柱纵向受力普通钢筋提出了强度等级和品种要求。采用高强钢筋替代335MPa级热轧带肋钢筋，钢材平均节约量可达12%以上。提高结构混凝土强度等级可以减小结构尺寸截面，减少混凝土的消耗，降低自重并增加使用面积，从

① 李华：《海南省建材运输的痛点问题与策略研究》，《中国航务周刊》2023年第38期。

C35 提高至 C40 可节约混凝土约 12.6%，也可提高结构的耐久性，将建筑使用寿命从 50 年提高到 70 年，从全社会的角度来看，相当于减少了约 30%的建筑材料消耗。

建筑中有些材料可以不改变物质形态直接进行再利用，或经过简单组合、修复后再利用，如铝合金门、窗等。有的建筑材料需要通过改变物质形态才能实现循环利用，如钢筋、玻璃等需要通过回炉再生产实现循环利用。有的建筑材料既可以直接再利用，又可以回炉后再循环利用，如标准尺寸的钢结构型材等。[①] 提高这些可再循环利用材料的应用比例，可降低建材生产过程中的矿产资源消耗，是发展循环经济的重要措施之一。

"利废"建材的使用也同样有利于循环经济的发展。"利废"建材是指以废弃物为原料生产的建筑材料，其中，废弃物主要包括建筑废弃物、工业废料和生活废弃物。例如，利用建筑废弃混凝土可生产再生骨料，制作成混凝土砌块、水泥制品或配制再生混凝土；利用工业废料、农作物秸秆、建筑垃圾、淤泥等原料，可制作成水泥、混凝土、墙体材料、保温材料等；利用工业副产品石膏，可制作成建筑用的石膏材料等。[①] "利废"建材的使用实现了建筑及其他产业全生命周期的"坟墓"产品到"摇篮"产品的衔接，有利于非可再生资源的持续利用。青岛"零碳工厂"项目以"五个零"生产循环体系为核心，坚持应用尽用、物尽其用的原则，改变以往城市处理建筑垃圾的方式，通过再生建材整体解决方案将建筑垃圾变成再生骨料及加气砖、砌块、板材、透水混凝土砖等产品，且全过程无粉尘、固废排放，不会产生二次污染。项目投产后，建筑垃圾年处理能力达 500 万吨，可节约天然骨料砂石 470 万吨，[②] 对于缓解天然砂石过度采集的现状是非常重要的探索。

---

① 中华人民共和国住房和城乡建设部、中华人民共和国国家质量监督检验检疫总局发布：《中华人民共和国国家标准（GB/T 50378-2014）：绿色建筑评价标准》，中国建筑工业出版社 2014 年版。

② 王菁华、李忠运：《青岛打造建筑垃圾资源化利用"五个零"生产循环体系》，https：//sghexport. shobserver. com/html/baijiahao/2023/12/14/1204486. html。

五　环境宜居技术及效益分析

绿色建筑环境宜居技术以关注建筑室外环境为核心，从场地生态与景观、室外物理环境两个方面提高建筑的宜居性，从居住者的体验感和获得感角度提高建筑质量，满足高品质的生活需求。

（一）场地生态与景观

城市建设占用了大量的原生态土地，改变了土地功能，影响了自然界正常的生态循环，是城市与自然环境发展不协调的原因之一。为了尽可能弥补建筑建设带来的生态环境影响，绿色建筑提出了三种类型的生态环境质量提升措施，包括生态修复、绿色雨水基础设施和污染管理。

建筑场地的生态修复可从保持原有场地生态环境和增加绿化用地两个方面采用适宜的技术。第一，可通过保护场地内原有的自然水域、湿地、植被等，尽量减少原始生态地貌的破坏性影响，保持场地内、外生态系统的连贯性。对净地过程中挖掘的表层土进行回收利用，促进地表生态的恢复。第二，通过提高建设用地绿化率、采用建筑立体绿化和复层绿化技术增加绿化面积。绿化植物可通过多个途径发挥净化空气的功能，包括固碳释氧、滞尘、吸收污染物质、杀菌等，除此之外，地面绿化还具有涵养水源和降噪的作用，通过吸热降湿功能降低建筑外部热环境温度，从而减少建筑能耗（见表2-5）。

表2-5　　绿化植物环境效益研究文献汇总

主要结论	作者	地点
北京近郊八个区居住绿地中，平均每公顷绿地的年滞尘量的变动值从0.79吨到1.68吨不等；每公顷绿地日吸收二氧化碳量，丰台区是东城区的3倍	古润泽、李延朋、谢军飞	中国北京
1公顷森林每天可吸收1吨CO_2，产生0.73吨O_2，每公顷柳杉树每月可吸收60千克SO_2；每公顷刺槐树每月可吸收34千克HF，HF穿过40米宽的林带，其浓度可降低到47.9%。榆树的滞尘量为12.27克/平方米，木槿为9.37克/平方米，大叶黄杨为6.63克/平方米，加拿大杨为2.05克/平方米，臭椿为5.88克/平方米，桑树为5.39克/平方米，悬铃木为3.7克/平方米；白蜡树截获粉尘数量为8.68%，杨树为12.8%，刺槐为17.58%，松树为2.32%	张万钧	中国天津

续表

主要结论	作者	地点
一棵旱柳一天可净化 $SO_2$128.7 克，杨树可净化 112.9 克，刺槐可净化 16.6 克。测定了悬铃木等植物叶中的含铅量，污染区含铅量分别是非污染区的 50—107 倍。麻栎滞尘量为 3.6×10^{-4} 克/平方厘米，杉木为 0.9×10^{-4} 克/平方厘米，马尾松为 0.3×10^{-4} 克/平方厘米，同时发现，同是针叶树，杉木滞尘量是马尾松的 3 倍；同是阔叶树，麻栎是朴树的 5.1 倍。树木吸收大气有毒气体的能力与大气中的有害气体的浓度呈线性相关，大气氟浓度与叶片含氟量的关系：杨树 Y=-957.49+670x，柳树 Y=-707.14+546.86x。大气氯含量相关关系：杨树 Y=0.74+215.82x，柳树=0.69+165.55x。北京一个粉尘污染区里的桧柏和刺槐的单位体积蒙尘量，桧柏为 20 克，刺槐为 9 克。垂直绿化也能降低空气含尘量。广州测定了用五叶地锦绿化墙面的居住区，住宅室内比没有垂直绿化的含尘量少 22%	韩焕金、周用武、张万钧	中国上海、中国北京、中国广州
广州城区现有屋顶面积大约为 7000 万平方米，如果有三分之一的屋顶进行绿化，可吸收有害气体 72.3 吨，降尘 3498 吨。同时，由于植物的光合作用，每年可以吸收 933.3 吨 CO_2，生态效益显著	方眠	中国广州
种植屋面可以吸收 SO_2、HF、Cl_2、NH_3 等有害气体，降低灰尘数量达 40%左右	李海玲、孙丽娟	中国南京
植物对单位平方米中氮氧化合物的吸附能力值不同，但是无论是室外园林绿化树木，还是室内绿植，均对空气中 PM2.5 颗粒物及相关污染气体具有明显的消减作用	肖剑锋、杨文茜	中国武汉
佛甲草屋顶绿化可创造的固碳释氧效益为 1.887 元/平方米·年，净化空气效益为 2.45×10^{-2} 元/平方米·年	殷文枫等	夏热冬冷地区
对城市绿化缓解新加坡热岛效应方面的研究进行了总结，结果显示，靠近公园的建筑节能高达 10%，公园能提供全天 24 小时的降温效果	黄玉贤、陈俊良、童杉姗	新加坡

资料来源：古润泽、李延明、谢军飞：《北京城市园林绿化生态效益的定量经济评价》，《生态科学》2007 年第 6 期；张万钧：《建“绿色银行” 创三个效益》，《中国园林》1999 年第 2 期；韩焕金、周用武、柴一新：《城市绿化植物生态效益研究述评》，《通化师范学院学报》2009 年第 12 期；方眠：《广州市屋顶绿化成本及生态效益分析》，硕士学位论文，华南理工大学，2015 年；李海玲、孙丽娟：《南京市轻型屋面绿化生态效益评价的指标体系》，《天津农业科学》2015 第 11 期；肖剑锋、杨文茜：《屋顶绿化对武汉城区生态效益的作用初探》，《中外建筑》2017 年第 2 期；殷文枫等：《夏热冬冷地区绿化屋顶节能与生态效益研究》，《南京林业大学学报》（自然科学版）2018 年第 6 期；黄玉贤、陈俊良、童杉姗：《利用城市绿化缓解新加坡热岛效应方面的研究》，《中国园林》2018 年第 2 期。

屋顶绿化和垂直绿化可以提高建筑屋面和立面墙体的隔热保温性能，降低室内的冷热负荷，减少暖通空调系统的能源消耗。很多学者对屋顶绿化的环境效益进行了研究（见表 2-6），结果表明，屋顶绿化不仅可以通过植物本身的生态属性带来生态效益，也可以减小顶层空间的热波动，起到保温作用。

表 2-6　　屋顶绿化技术的环境效益研究文献汇总

结论	作者	地点
研究项目一年可以节电 2314.7 千瓦·时，平均每平方米屋顶 9.64 千瓦·时。广州市城区现有屋顶面积大约为 7000 万平方米，如果有三分之一的屋顶进行绿化，则每年可以节电 2.25 亿千瓦·时，减少碳排放 16.46 万吨，吸收有害气体 72.3 吨，降尘 3498 吨。同时，由于植物的光合作用，每年可以吸收 933.3 吨 CO_2，生态效益显著	方眠	中国广州
夏季绿化屋面与非绿化屋面温度比较，屋面绿化后的室内温度较未绿化的室内温度下降 3.2℃—5.1℃，屋顶温度可下降 4.0℃—7.0℃，可使室内空调节电近 20%，节能效果显著。种植屋面可以吸收 SO_2、HF、Cl_2、NH_3 等有害气体，降低灰尘数量达 40%左右。杀灭空气中散布的各种细菌，提高空气清洁度；对噪声有吸附作用，最大减噪量可达 10 分贝	李海玲、孙丽娟	中国南京
佛甲草屋顶绿化可创造的固碳释氧效益为 1.887 元/平方米·年，净化空气效益为 2.45×10^{-2} 元/平方米·年，涵养水源效益为 0.957 元/平方米·年，节能效益可达到 12.875 元/平方米·年，减排效益达 9.613 元/平方米·年，综合生态效益是 25.357 元/平方米·年，动态投资回收期为 7 年	殷文枫等	夏热冬冷地区
植物的遮阴可以给混凝土的屋顶表面带来至少 3.0℃的降温，而且具有较厚叶片和较高叶面积指数（LAI）的植物所带来的降温效果更为明显	黄玉贤、陈俊良、童杉姗	新加坡
具有多种植物的屋顶比硬质屋顶的表面温度要低很多，植物最大降温效果可达 30℃。植物的冷却效果根据不同高度的环境温度测量确定，有无植物的屋顶温差最大为 4.2℃，但是冷却效果受距离限制。绿化屋顶的短波辐射量较少，日落后最大温差达 4.5℃，说明绿化屋顶有效缓解了城市热岛效应。通过测量反射的太阳辐射量证明绿化屋顶反射较少的太阳热量，中午最大变化为 109 瓦/平方米	Wong 等	新加坡
绿化屋顶内表面平均温度与裸屋顶内表面平均温度相比，春、夏、秋三季低 10%左右，冬季高 20%。有绿化房间全天平均用电量比无绿化房间减少 18.4%，按上海城区 30℃以上温度的天气约有 100 天计算，单位屋顶绿化面积用电量可节电 10.66 千瓦·时。上海中心区目前还有 7000 万平方米屋顶没有被利用，如果 10%用于屋顶绿化，夏季高温时段 100 天可减少用电量 8750 千瓦·时，相当于增加了 1 万亩的城市绿化地	赵定国、唐鸣放、章正民	中国上海

续表

结论	作者	地点
植物绿化屋顶不仅可以提高建筑密集区域的自然环境，还可以通过光合作用吸收大量的太阳能量，从而使全年的热波动减少20%—25℃	Eumorfopoulou 和 Aravantions	希腊
通过数学模型的方式对绿化屋顶的动态热作用进行研究，结论指出，绿化屋顶与制冷装置的作用不同，与保温系统的作用相似，可以减少屋顶的热流	Palomo Del Barrio	法国
夏季带有绿化屋顶的建筑内温度在不开启空调的情况下不超过30℃，相反，没有屋顶绿化的情况下，室内温度高于30℃，且日间温度变化范围更大一些。在屋顶无保温结构的情况下，采用绿化和无绿化的屋顶传热系数具有一定的差别，从6瓦/平方米·开尔文到16瓦/平方米·开尔文不等；对于具备一定保温结构的屋顶，差别值基本保持在0.2瓦/平方米·开尔文。在全年建筑能耗计算中，对于没有保温结构的屋顶，绿化所带来的最大能源节约为37%，当夜间通风开启式节约值增加到48%。对于具有一定保温结构的屋顶，建筑能耗节约值从4%到7%不等。对于具有良好保温结构的屋顶，绿化屋顶的能源节约值为2%	Niachou 等	希腊
对屋面草坪绿化的蒸发冷却效果进行分析，通过测量，屋面的表面温度白天从60℃降低到30℃，经过简易计算得出大约减少了50%的热量传输到室内。草坪层的太阳吸收率大约为0.78	Onmura 等	日本

资料来源：方眠：《广州市屋顶绿化成本及生态效益分析》，硕士学位论文，华南理工大学，2015年；李海玲、孙丽娟：《南京市轻型屋面绿化生态效益评价的指标体系》，《天津农业科学》2015第11期；殷文枫等：《夏热冬冷地区绿化屋顶节能与生态效益研究》，《南京林业大学学报》（自然科学版）2018年第6期；黄玉贤、陈俊良、童杉姗：《利用城市绿化缓解新加坡热岛效应方面的研究》，《中国园林》2018年第2期；Wong N. H., et al., "Investigation of Thermal Benefits of Rooftop Garden in the Tropical Environment", *Building and Environment*, 2003, 38 (2): 261-270；赵定国、唐鸣放、章正民：《轻型屋顶绿化夏降温冬保温的效果研究》，《绿色建筑》2010年第4期；Eumorfopoulou E., Aravantinos D., "The Contribution of A Planted Roof to the Thermal Protection of Buildings in Greece", *Energy and Buildings*, 1998, 27 (1): 29-36；Palomo Del Barrio E., "Analysis of the green roofs cooling potential in buildings", *Energy and Buildings*, 1998, 27 (2): 179-193；Niachou A., et al., "Analysis of the Green Roof Thermal Properties and Investigation of its Energy Performance", *Energy and Buildings*, 2001, 33 (7): 719-729；Onmura S., et al., "Study on Evaporative Cooling Effect of Roof Lawn Gardens", *Energy and Buildings*, 2001, 33 (7): 653-666。

城市化进程的推进极大地降低了城市水循环系统的自我调节效率，由此引发的城市内涝造成了巨大的生命和财产损失，内涝后伴生的生态影响和可能出现的致病菌泛滥等，对人类健康和生态安全造成了不同程度的威胁。[①] 绿色雨水基础设施是缓解城市内涝问题的重要措施，通过科学合理、经济可行的雨水综合管理减轻城市降雨带来的多重负面影响，对于促进“海绵城市”的发展具有重要作用。绿色建筑在绿色雨水设施建设方面采用了一系列措施，包括通过有利于场地雨水收集和排放的竖向设计有效组织雨水的下渗、滞蓄或再利用；通过采用透水砖、透水混凝土等新技术增加雨水下渗量；通过合理设置下凹式绿地、雨水花园等具备调蓄功能的雨水基础设施实现对土壤功能的补偿，减少雨水外排量，降低暴雨期内涝的风险。这些技术的应用不仅带来了直接的环境效益，还通过降低洪涝灾害发生率产生经济和社会效益。

建筑运行过程中会因各种人类活动产生污染排放，例如吸烟导致的大气污染物质排放、生活垃圾的排放等，会对建筑的公共环境带来不同程度的负面影响。烟草中含有多种有害物质，可引发各种咳嗽病并增加患癌概率，二手烟对呼吸系统的健康影响更加严重，已被美国环保署和国际癌症研究中心确定为人类 A 类致癌物质。因此，为了保护建筑使用者的健康，应合理布置绿色建筑室外吸烟区，将其设在建筑出入口主导风的下风向，并与出入口、新风进气口、可开启窗扇、儿童老人活动场地保持一定距离；吸烟区与绿植结合布置，导向标识完整，定位标识醒目，设置健康警示标识。这些措施可有效管理吸烟污染物质，降低二手烟影响的人群数量，带来环境和社会效益。绿色建筑将生活垃圾分类收集作为控制性措施，并对垃圾容器和收集点的设置提出了一系列要求，包括与周围景观协调、定期冲洗消杀、及时清运等，以保障居住环境的美观整洁，提高舒适度。垃圾分类回收不仅减少了固体废弃物的排放和垃圾处理费用，还可以通过可回收垃圾的分类出售获得经济回收，这部分效益的直接受益方是物业管理单位，相关的研究也表明垃圾回收产生的收益非常可观（见表 2-7）。

① 夏军等：《长江中下游城市内涝与雨季污染协同治理对策》，《水资源保护》2024 年第 1 期。

表 2-7　　垃圾分类回收效益研究文献汇总

主要结论	作者	地点
三年时间，除去必要的成本，获得 4 万元的经济净现值。其中，投入部分包括垃圾回收、清运，总开支为 15 万元；垃圾桶购买总投入为 9000 元；垃圾分类宣传费用为 1 万元；湿垃圾脱水压榨机维护费用为 3000 元。垃圾的经济价值主要来自从填埋垃圾中抽取可燃气体，三年分别收入 6 万元、7.9 万元、8.3 万元	李京川	大学校园
小区生活垃圾中有 37.27%为纸类，按照济南废纸收购价格，该项收益一年为 4.6 万元左右。塑料、织物可以直接进行焚烧发电处理，按垃圾发电量计算，一年收益为 0.1 万元左右；厨余垃圾可以堆肥处理，按市场价格每年收益为 1.1 万元左右。垃圾处理费收益为 1.2 万元左右。由此可知，小区垃圾分类总收益为 7.0 万元左右。垃圾分类的成本主要包括垃圾回收设施的购买、垃圾分类的宣传费用、垃圾清运人员的培训费用以及奖励费用，年成本约为 5.1 万元左右，从而得出小区垃圾分类的年收益在 2.0 万元左右	于丽、陈娟	济南
混合收集+填埋处理方式的成本主要包括装载、转运和处理费用，2011—2013 年总计约为 113958.15 万元；分类收集+综合处理方式的总效益费用为 147521.44 万元	张晓厚	北京

资料来源：李京川：《大学校园学生生活垃圾分类回收经济效益分析——以四川城市职业学院为例》，《环球市场信息导报》2018 年第 21 期；于丽、陈娟：《济南市某居民小区垃圾收集处理方案评价及垃圾分类的效益分析》，《环境卫生工程》2017 年第 3 期；张晓厚：《特大城市生活垃圾分类的效益分析》，《再生资源与循环经济》2016 年第 9 期。

（二）室外物理环境

室外物理环境主要包括建筑外部的声、光、风、热环境。绿色建筑通过管理噪声水平、控制光污染、优化风环境和降低热岛效应，使建筑室外物理环境保持高品质水平，提升建筑使用者的舒适感。

控制室外噪声水平是保障室内声环境质量的重要措施。绿色建筑中室外噪声污染控制的方式主要有两种，一种是从噪声源头进行控制，例如在建筑施工过程中注重噪声监测和管理，降低施工噪声对于周围居民的影响；另一种是通过提高建筑围护结构隔音性能减少外界噪声对于建筑内部的影响。

随着现代化建设步伐的加快，城市设计也采用了很多体现时代感的元素，例如玻璃幕墙、变幻多彩的夜景灯光等。但是不合理的设计会产生眩光，不仅让人感到不舒服，还会使人降低对灯光信号等重要信息的辨识力，甚至带来道路安全隐患。国际上将光污染分为三类：彩光污染、白亮污染和人工白昼。根据人的主观感受的不同，可见光污染可以分为眩光、频闪和人工白昼；不可见光污染包含短波长光污染和长波长光污染。光污染的危害通常表现在多个方面，如增加动植物死亡率、影响天文观测、造成能源资源损失、增加交通安全隐患、对城市环境和气候造成恶劣影响等，尤其表现为对人体健康的损害，包括伤害眼睛、扰乱生物钟、导致亚健康、儿童性早熟、损害生理功能等。刘永昊等指出，光污染对中学生的身心健康产生许多隐形危害，影响中学生眼睛的视网膜和虹膜的正常发育，使其视力急剧下降，成年后白内障的发病率高达45%。[①] 基于此，绿色建筑的光污染控制措施将有效提高建筑物的光环境，从而降低其对人们健康的影响，具体的技术包括采用可见光反射比较低的玻璃幕墙和室外夜景照明的光污染限制应符合行业标准的规定等。

建筑场地内的风环境影响人体舒适性、室外散热、污染物消散以及室内自然通风等多个方面。首先，建筑风环境是影响人行高度环境质量的重要方面，不仅直接影响人们日常生活的舒适性，不合理的建筑选址及其外观布局还会形成风的聚集、加速、涡旋等问题，造成高空坠物、吹倒行人等危险。[②] 其次，夏季和过渡季室外通风的不畅会在某些区域形成无风区和涡旋区，对于室外散热和污染物消散都很不利。最后，建筑室内外表面的风压差只有达到一定的标准，才有利于外窗的自然通风。绿色建筑对室外风环境提出了一定的量化要求，以提高室外风环境质量，包括建筑物周围人行区距地高1.5米处风速小于5米/秒，户外休息区、儿童娱乐区风速小于2米/秒；建筑迎风面与背风面表面风压差不大于5帕；场地内人活动区不出现涡旋或无风区；50%以上可开启外窗的建筑物室内外表面的风压差大于0.5帕。

热岛效应的高温现象对建筑能耗和城市气温上升的影响显著，Luke Howard是首位提出城市气候与周围环境之间能量交换假设的气

---

① 刘永昊、张伟：《光污染对中学生健康的影响及防治》，《中国高新区》2017年第21期。

② 陈超：《建筑外部空间人体风环境舒适度研究》，硕士学位论文，浙江大学，2012年。

象学家。之后，Sundborg解释了城市气候的独特性，通过分析城市地表系统能量流动的输入输出，解释了以能量平衡为基础的城市热岛效应。所谓“热岛效应”，是一个地区（通常是城市）因工业集中、人口稠密、建筑密集以及植被稀少等诸多因素导致温度高于周围地区的现象。如美国洛杉矶市区温度的年平均值比周围农村约高1.5℃，德国的柏林市区比周围乡村温度高1.0℃以上，中国北京、重庆和武汉的平均热岛强度也都在1.0℃以上。[①] Zhou等利用MODIS的数据，量化了2003—2011年中国32个主要城市的热岛效应强度，结果显示，年平均热岛强度白天为0.01—1.87℃，晚上为0.35—1.95℃。[②] 城市热岛效应产生的原因集合了多种因素：第一，城市的下垫面以硬质地面为主，绿地、水面等自然属性的地面相对较少，且硬质地面的蓄热能力较强；第二，城市中的人工热源多，包括工业生产所需的设备、汽车、空调等；第三，较严重的污染导致大气逆辐射较强；第四，城市布局较紧凑，自然通风效果较差、散热能力小。[③] 绿色建筑中提倡应用缓解热岛效应的技术措施，例如，通过乔木、构筑物等遮阴措施吸收太阳辐射热量，降低热岛效应对于居住者的直接影响；通过采用高反射比的涂料提高路面和屋面的太阳辐射反射系数等。改善热岛效应对于建筑的能耗有很大影响，尤其是在夏季，通过降低建筑外环境的温度减少进入建筑内部的热量，从而降低对于空调系统的使用需求，降低建筑能耗，相关领域的学者也对此进行了研究（见表2-8）。热岛效应跟城市土地覆盖类型关系密切，各个城市的地形地貌、用地规划都有一定的差异，所以，针对不同城市的研究结果并不相同。但总体来看，热岛效应增加了建筑夏季的空调能耗，降低了冬季的供暖能耗，大部分的研究结论证明热岛效应会增加建筑物的全年能耗。因此，降低热岛效应有助于建筑节能。

---

① 王惠想、张伟捷：《建筑空调能耗与城市热岛效应》，《河北建筑科技学院学报》（自然科学版）2004年第1期。

② Zhou D., et al., “Surface Urban Heat Island in China’s 32 Major Cities: Spatial Patterns and Drivers”, *Remote Sensing of Environment*, 2014, 152 (Sep.): 51-61.

③ 郭济语、吴阿蒙、姚远程：《城市热岛效应产生的原因及其对建筑能耗的影响》，《黑龙江科技信息》2008年第33期。

表 2-8 热岛效应缓解对建筑能耗影响的相关文献结论汇总

结论	作者	地点
夏季电力需求高 20%，冬季电力需求较低，全年能耗总体较低	Shimoda 等	日本大阪
增大夏季空调能耗，降低冬季供暖能耗，中心城区办公建筑全年能耗增加 8.29%，住宅建筑增加 1.02%	黄勇波	中国天津
制冷需求平均增加 23%，制热需求平均下降 19%，全年能源需求平均升高 11%	Santamouris	欧美国家
热岛强度每增加 1℃，空调能耗量强度增加 7.7%，热负荷减少 17.4%，全年能耗随热岛强度的增加呈抛物线增加	周进、文远高	中国武汉
办公建筑空调能耗增加率为 17.5%/℃，住宅建筑空调能耗增加率为 10.2%/℃，办公建筑采暖能耗减少率为 6.22%/℃，住宅建筑采暖能耗减少率为 4.31%/℃。由此可知，增加了办公建筑的全年能耗，住宅建筑的全年能耗有减少的趋势，但影响并不明显	田喆	中国天津
供热能耗是城市热岛效应之外区域能耗的 65%—85%，比制冷能耗高 32%—42%。到 2050 年，不同结构类型的办公建筑冷负荷需求因热岛效应带来的增加量为 46%—90%；热需求的降低量为 35%—45%	Kolokoktroni 等	伦敦
通过建立城市冠层模型与建筑能耗模型相结合的综合模型，分析缓解城市热岛效应的措施以及能源节约措施对热岛效应和建筑能耗的影响。结果显示，两者相结合的复合策略可降低建筑全年能耗高达 31.9%	Ihara 等	日本

资料来源：Shimoda Y., et al., "Residential End-use Energy Simulation at City Scale". *Building and Environment*, 2004, 39 (8): 959-967；黄勇波：《城市热岛效应对建筑能耗影响的研究》，硕士学位论文，天津大学，2005 年；Santamouris M., "On the Energy Impact of Urban Heat Island and Global Warming on Buildings", *Energy and Buildings*, 2014, 82 (Oct.): 100-113；周进、文远高：《热岛强度对办公楼空调采暖能耗的影响》，《建筑技术开发》2012 年第 10 期；田喆：《城市热岛效应分析及其对建筑空调采暖能耗影响的研究》，博士学位论文，天津大学，2005 年；Kolokotroni M., et al., "A Validated Methodology for the Prediction of Heating and Cooling Energy Demand for Buildings within the Urban Heat Island: Case-study of London", *Solar Energy*, 2010, 84 (12): 2246-2255；Ihara T., et al., "Changes in Year-round Air Temperature and Annual Energy Consumption in Office Building Areas by Urban Heat-island Countermeasures and Energy-saving Measures", *Applied Energy*, 2008, 85 (1): 12-25。

六 提高创新技术及效益分析

绿色建筑提高创新技术以持续提升绿色建筑品质为目标，通过更全面、更高效的绿色技术应用，让绿色建筑具备更高的环境、社会和经济效益。

绿容率是指场地内各类植被叶面积总量与场地面积的比值，是场地生态评价的重要指标。由于叶面积是生态学中研究植物群落、结构和功能的关键性指标，与植物生物量、绿地固碳释氧、调节环境等功能关系密切。因此，相比于绿地率，绿容率更能体现场地的绿色结构类型、绿色功能和强度。绿色建筑鼓励在评价绿地率的基础上，进一步评价绿容率，通过提高绿容率提升绿色建筑的生态性能。

建筑工业化是在新一代信息技术驱动下产生的建筑发展新形态。建筑工业化以工程全寿命周期的系统化集成设计、精益化生产施工为主要手段，整合工程全产业链、价值链和创新链，实现工程建设的高效益、高质量、低消耗、低排放目标。《国务院办公厅关于大力发展装配式建筑的指导意见》印发实施以来，以装配式建筑为代表的新型建筑工业化快速推进，建造水平和建筑品质明显提高。与常规施工方法相比，预制施工方法每平方米产生的温室气体排放量较少，常规施工产生的温室气体为 368 千克/平方米，预制施工产生的温室气体为 336 千克/平方米。[①] 预制化建筑还可以减少 65%的建筑垃圾，节省 16%的现场施工人员，缩短 15%的施工时间。[②] 天津市某住宅项目为装配式建筑，预制率为 73%，与传统现浇式建筑相比，装配式建筑可减少施工现场用水量 11.62%，减少混凝土消耗量 7.82%，减少木材消耗量 22.1%，减少水泥砂浆 52.46%，并减少施工现场的粉尘排放和噪声影响，每单位面积产生的环境效益价值约为 12.17 元。[③] 绿色建筑提倡采用符合工业化建造要求的结构体系与建造构件，包括钢结构、木结构、装配式混凝土结构，以推进建筑工业化的快速发展。

建筑信息模型（BIM）是建筑业信息化发展的重要支撑技术。BIM 是在 CAD 技术基础上发展起来的多维模型信息集成技术，集成

---

① Mao C., et al., "Comparative Study of Greenhouse Gas Emissions between Off-site Prefabrication and Conventional Construction Methods: Two Case Studies of Residential Projects", *Energy and Buildings*, 2013, 66 (Nov.): 165-176.

② Jaillon L., Poon C. S., "Sustainable Construction Aspects of Using Prefabrication in Dense Urban Environment: a Hong Kong Case Study", *Construction Management and Economics*, 2008, 26 (9): 953-966.

③ 刘戈、张帆：《装配式建筑环境效益分析与测算》，《建筑技术》2024 年第 1 期。

了建筑工程项目各种相关信息，使设计人员和工程人员能够对各种建筑信息做出正确的应对，实现数据共享和协同工作。在建筑工程建设的各阶段支持基于 BIM 的数据交换和共享，可以极大地提升建筑工程信息化整体水平，工程建设各阶段、各专业之间的协作配合可以在更高层次上充分利用各自资源，有效地避免由于数据不通畅带来的重复性劳动，大大地提高了整个工程的质量和效率并显著降低成本。西南政法大学综合实验楼项目在建设过程中采用了 BIM 技术，咨询服务费总投入为 192 万元，经过定量和定性指标的分析测算，BIM 技术应用为项目创造可量化价值约 458.84 万元，投资回报率为 239%。① 上海市某保障房为预制装配式建筑，在项目管理、设计优化及施工过程中采用了 BIM 技术，通过提高施工效率缩短工期总计 25 天，节省财务费用 225 万元，节省水电费 1.32 万元，减少碳排放 0.88 万吨；通过深化设计节约了场地周转成本、工程变更费用和深化设计人工成本，总计 138 万元；通过碰撞分析节省工程变更费用 208 万元。② 绿色建筑鼓励在建筑规划设计、施工建造和运行维护阶段应用 BIM 技术，应用的阶段数量越多，建筑的绿色性能越高。

建筑领域碳排放总量较高，降低建筑单位建筑面积的碳排放强度是实现碳中和目标的关键措施之一。在绿色建筑评价中，并未对碳排放水平提出具体要求，但鼓励进行碳排放计算分析，以明确建筑对于中国温室气体减排的贡献量，通过进一步优化节能、节水、节材等措施，实现建筑减排目标。中国在碳排放数据库研究方面还处于逐步完善阶段，已发布的成果包括《中国温室气体清单研究》《2012 年中国区域及省级电网平均二氧化碳排放因子》《建筑碳排放计量标准》《建筑碳排放计算标准》等。在绿色住宅建筑的碳排放研究中发现，其碳排放水平比传统住宅低 27%左右。③ 因此，为了充分认识绿色建

① 马继国等：《建筑工程项目 BIM 应用效益量化分析方法研究与应用》，《土木建筑工程信息技术》2023 年第 2 期。

② 杨路遥：《BIM 技术在预制装配式保障性住房项目中的应用与效益分析——以上海某保障性住房项目为例》，《建设监理》2023 年第 7 期。

③ 卢喆、王鹏：《全生命周期视域下绿色建筑碳排放测算与减排效果研究》，《环境生态学》2024 年第 1 期。

筑在实现碳中和目标中的作用，非常有必要开展碳排放核算和分析，为完善建筑碳排放核算体系、提升绿色建筑减碳水平提供基础。

绿色施工是指在工程项目施工周期内严格进行过程管理，在保证质量、安全等级要求的前提下，通过科学管理和技术进步，最大限度地节约资源、保护环境和减少污染，实现环保、节约、可持续发展目标。具体的技术措施包括降尘、降噪和废弃物减量及资源化利用等环境保护技术，节能、节水和节材等资源节约技术，保障绿色建筑关键技术落实的过程管理措施。绿色施工不仅可以提升工程质量、实现绿色目标，也可以通过减少钢筋、混凝土等建筑材料的损耗降低施工成本，创造更高的经济效益。广州国际金融城起步区项目采用绿色施工方式建造，项目施工过程中绿色成本总投入约为 250 万元，在节能、节水、节材方面节约费用总计约为 1000 万元，投入产出比为 1 ∶ 4，经济效益显著。除此之外，绿色施工还减少了项目对周围环境的影响；办公区、生活区和施工现场环境优良，提高了一线作业人员和项目管理人员的工作热情；工程项目得到了多家媒体的报道和宣传，提高了施工企业的整体形象和社会影响力，不仅推动了绿色施工的应用进程，也提高了社会公众对绿色建筑的认识，产生了明显的环境和社会效益。[①] 绿色建筑提倡按照绿色施工的要求进行建设，以提高绿色建筑全生命周期各阶段的绿色水平。

除以上技术外，绿色建筑还鼓励在提高节能水平、建筑文化传承、绿色金融保险等方面采用更具创新性的技术，进一步提高绿色建筑的环境、社会和经济效益，推动绿色建筑向更高品质的方向发展。

第二节　绿色建筑综合效益评估指标识别

一　综合效益评估的关键性指标识别

在深入了解绿色建筑各项技术的基础上，结合各相关专业学者对

---

① 崔成龙：《绿色施工在建筑工程项目中的应用研究——以广州国际金融城起步区为例》，《建筑经济》2021 年第 12 期。

于技术效益的研究结论，对每项技术所产生的环境、社会和经济效益进行分类，可以总结出绿色建筑产生各类效益的具体途径，从而识别出综合效益评估的关键性指标。

（一）环境效益

在绿色建筑的设计和评价过程中，针对主要的环境问题提出了一系列绿色技术，这些技术应用的主要目的是减轻人工环境建设过程中对自然环境所产生的负面影响，或通过生态补偿的方式寻求与自然协同发展的途径。例如，资源节约技术体系中通过合理开发地下空间的方式缓解土地资源不足的现状，环境宜居技术体系中通过采用透水铺装、下凹式绿地等措施恢复土壤的生态功能等。由于自然生态物质之间的系统性较强，各物质之间关系密切，很多技术的应用可以产生多项环境效益，例如，节能技术不仅可以降低能源的消耗，还可以减少能源使用过程中的污染物排放，节能技术、能源消耗和污染排放三者之间呈链式结构关系，所产生的效益具有关联性，且具备多样性和叠加性。虽然绿色建筑技术体系复杂，但是环境要素种类有限，因此，在环境效益的评估过程中，可以以技术所影响的环境要素为对象进行关键性指标识别，包括节约土地及土地污染防治、节约能源、减少大气污染、节约水资源及水污染防治、节约非能源矿产资源和减少固体废弃物排放。

（二）经济效益

绿色建筑所产生的经济效益总体上可以分为两大类，第一类是绿色建筑本身技术应用直接产生的经济效益，例如，节材设计可以降低建筑材料使用量，从而减少开发商的投资成本；第二类是因缓解环境问题造成的间接经济效益，例如各类污染的减少可以降低政府在污染防治方面的财政支出。直接经济效益比间接经济效益容易识别，很多学者对此进行了不同程度的研究，主要采用成本效益分析法分析绿色建筑增量成本的回收期，推动绿色建筑的发展。间接经济效益的受益主体一般不是投资者，具有一定的外部性特点。本书为了更加全面地识别和分析绿色建筑的经济效益，以受益主体为类别对经济效益进行评估，包括开发商、政府、物业以及绿色技术产业。

（三）社会效益

物质的富有程度是人们感知幸福的重要指标之一，生活必需成本的支出满足了人们最基本的物质需求，但是并不能提升人们的幸福感。因此，在社会效益的评估过程中，应以人们可任意分配收入水平为关键性指标之一。建筑的基本功能是提供水、电、燃气等满足人们生活需要的物质，这些物质相关的支出是人们日常生活开销的主要部分。因此，绿色建筑节水、节电性能的提升降低了人们的生活成本。同时，绿色建筑还提供便利的公共服务、方便快捷的公共交通出行条件，鼓励居住者采用绿色低碳的交通方式，不仅节能环保，还在一定程度上通过减少交通支出增加了人们的可任意分配收入，提高了绿色建筑的社会效益。

另外，休闲时间也是体现社会福利水平的重要指标之一。因为时间具有稀缺性，主要体现为它的有限性和不可往复的特点。城市人口众多，基础建设保障不足会让人们把时间都用在价值性低又难以避免的流程中，比如上下班的通勤、办事排队等候等，导致人们生活节奏格外紧凑，缺少必要的休闲时间。而休闲是人类价值回归的生活理念，是社会福利的理论前提和现实基础，已经开始逐渐进入政府公共政策制定和社会福利发放的视野之中。① 在绿色建筑的技术体系中，非常注重建筑在城市运行系统中的功能性，通过采取一系列措施建立建筑与交通系统的便捷联系，缩短人们的步行距离，节省时间。同时，通过集中设置服务设施，完善周边服务配套功能，大大地减少了居住者日常办事的时间，从而可以利用更多的时间创造更有意义的价值。

综上所述，在评估绿色建筑的社会效益时，可以将可任意分配收入增加水平以及休闲时间增加水平作为关键性指标。

二 绿色建筑综合效益网络分析

通过对绿色建筑环境、经济和社会效益评估的关键性指标进行识别，结合绿色建筑各项技术的效益分析，可建立起技术大类与效益类别之间的联系（见图2-1），绿色建筑技术总体上分为六大类，效益评估

① 伍先福：《休闲福利论》，《社会福利》（理论版）2013年第2期。

指标分为环境效益、经济效益和社会效益三大类。其中，环境效益分为六小类，经济效益分为四小类，社会效益分为两小类，总计十二小类。

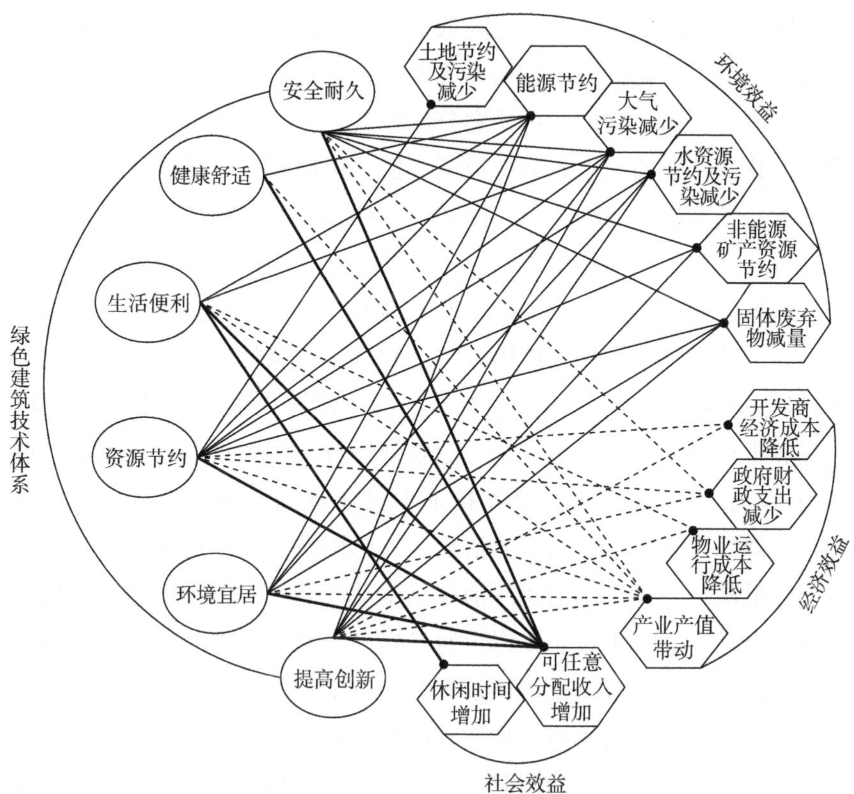

图 2-1　绿色建筑综合效益网络

从图 2-1 可以看出，绿色建筑每类技术都同时产生了环境、社会和经济效益，其中，资源节约技术与十类效益指标相关联，数量最多。因为资源节约技术体系包括节地与室外环境、节能与能源利用、节水与水资源利用、节材与材料资源利用四类技术，总计二十八条技术措施，在绿色建筑技术总量中占比最高。该类技术以关注自然资源为核心，通过作用于不同的环境要素实现多重环保目标。首先是减少自然资源消耗，例如采用预拌砂浆可降低现场搅拌的材料损耗，既减少矿产资源消耗，也通过降低建筑工程的综合造价减少开发商的经济成本投入。其次是减少环境污染，例如节水器具通过降低建筑运行过程中的用水量减少污水排放量，既降低水资源消耗，也减少政府部门在污水处理和给排水基础设施建设方面的投入成本。除此之外，建筑公共区域的资源节约技术还能降低物业公司的运营成本，例如节水灌溉技术减少了绿化日常养护用水的成本；建筑节水节电技术减少了使用者水电费支出，增加了可任意分配收入；各种新技术的应用可以带动绿色技术产业的发展，增加经济产值。由此可见，绿色建筑技术产生的效益具有较强的综合性，因环境、社会和经济系统之间的密切关系，效益之间的联动性显著。

在环境效益中，节约能源的相关项覆盖了所有类别的技术体系。安全耐久技术体系虽然以使用者安全和建筑耐久性为核心，但在延长建筑使用寿命的同时，通过降低修、拆、建的频率减少了建筑拆除、新建和维护过程中消耗的能源。健康舒适技术体系虽然以使用者的健康为核心，但其中的自然采光技术不仅能够提高室内光环境的舒适度，也降低了人工照明的电力消耗。外遮阳技术体系通过减少室内热负荷降低暖通空调系统的能源消耗。生活便利技术体系以提高使用者的体验感和获得感为核心，但也通过提高公交出行率降低了交通领域的能源消耗。资源节约技术体系有专门的节能技术板块，从建筑各方面提出了节约能源的措施。环境宜居技术体系以提升建筑室外舒适度为核心，但提高绿化率的同时也通过植物的吸热降温作用减少了建筑能源消耗。提高创新技术体系包含加强建筑各种绿色性能的新技术，节能是其中非常重要的内容。能源作为人类活动不可或缺的要素，在时代不断进步的过程中发挥了极其重要的作用，能源紧缺也因此成为可持续发展亟待解决的难题。建筑作为能耗大户，非常有必要将节能作为重要的绿色目标，绿色建筑技术体系包含全方位的节能技术，推动绿色建筑发展对于促进建筑领域的低能耗转型具有非常重要的作用。

在经济效益中，绿色技术产业的相关项覆盖了所有类别的技术体系。绿色建筑是建筑领域适应新时代发展要求过程中的产物，解决新问题必然需要新技术的支撑，绿色建筑的发展同样会促进建筑新技术市场的不断成熟，从而增加产业产值，带来经济效益。安全耐久技术体系为了提高建筑的耐久性，需要采用高耐久性的材料和结构，可促进新材料产业的发展。健康舒适技术体系为了保持室内稳定的热湿环境，需要采用热工性能较好的围护结构，可促进高性能保温材料和外窗等产业的发展。生活便利技术体系为了实现建筑智慧运行的目标，需要采用各种智能技术和设备。资源节约技术体系为了提高可再生能源的应用比例，需要采用光伏、光热、地源热泵等各类新能源技术。环境宜居技术体系为了提升场地的“海绵”性能，需要采用透水混凝土、透水砖等新产品。提高创新技术体系中大部分技术都是建筑领域的新兴技术，绿色建筑的推广必然会对相关产业的发展起到促进作用，从而创造更多的经济效益。

在社会效益中，可任意分配收入增加的相关项覆盖了所有类别的技术体系。在绿色建筑的技术类型中，安全耐久、健康舒适、生活便利和环境宜居板块秉承以人为本的理念，以提升建筑使用者的体验感、舒适感和获得感为目标，实施了一系列绿色技术，以降低建筑使用者的日常生活开支，从而增加可任意分配收入。虽然资源节约技术以减少建筑的环境影响为主，但环境质量的提升也间接地降低了人们的疾病成本，提高了生活质量，从而产生社会效益。提高创新板块的技术综合性强，其中，节能技术与能源支出息息相关，绿容率与居住环境质量关系密切，都通过间接的方式增加了建筑使用者的可任意分配收入。

综上所述，绿色建筑技术体系与环境、社会和经济效益之间存在复杂的网络关系，通常一项绿色技术可产生多重效益，而不同类型效益之间也有着很高的关联性。绿色建筑目标的实现需集成应用多种类型技术，深入且透彻的效益分析是全方位评估绿色建筑性能的重要基础。

第三节　绿色建筑综合效益评估指标体系构建

绿色建筑综合效益评估的主要目的是充分认识绿色建筑在应对气

候变化、环境改善、社会福利提高以及经济发展中的作用，为打破绿色建筑发展过程中的障碍提供理论基础，从而反向推动绿色建筑的进一步发展。由于绿色建筑技术体系较为复杂，在评价过程中有必要针对目标进行合理分解，以具体的技术指标为支撑，逐步实现综合效益的定量或定性评价。本书在技术分析和关键性指标识别的基础上，考虑指标量化的可能性，选择可以实现综合效益量化评价的指标，并由此按效益类型、评价指标、技术途径层级展开，构建绿色建筑综合效益评估指标体系（见图 2–2）。

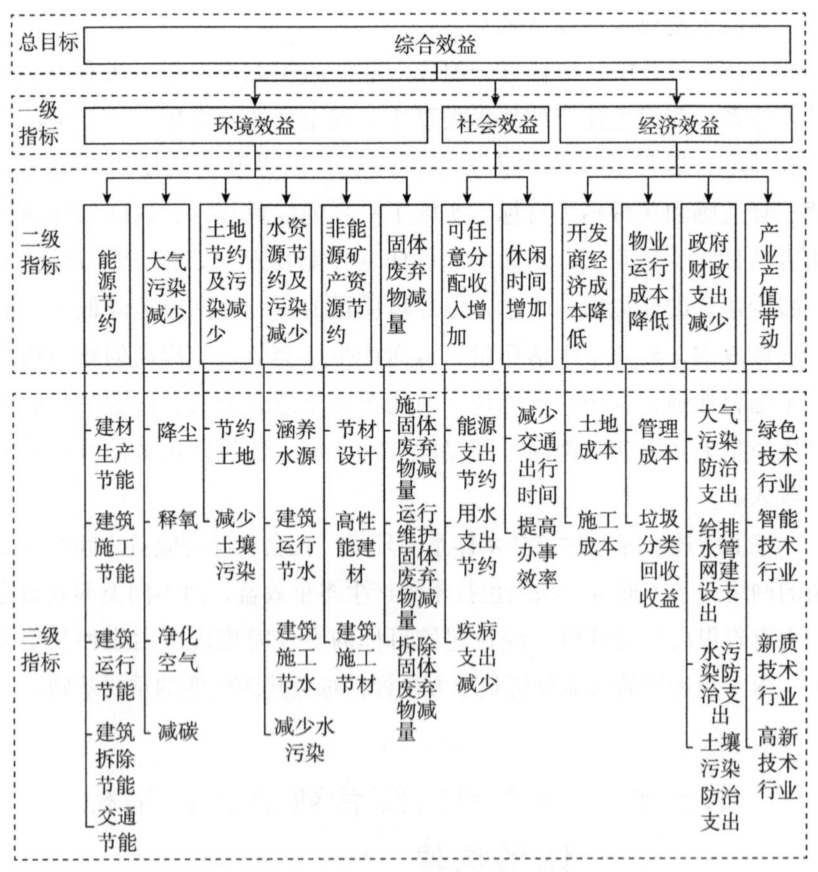

图 2–2　绿色建筑综合效益评估指标体系

绿色建筑综合效益评估指标体系共包括一个总目标和三个等级指标，总目标为绿色建筑的综合效益，一级指标分为环境效益、社会效益和经济效益，是体现绿色建筑可持续性的重要内容。二级指标以一级指标的主要组成要素为基础，对一级指标进行分解，总计 12 项，包括涉及环境系统的主要组成要素，即能源、大气、土地、水资源、非能源矿产资源和固体废弃物；社会系统中与人们福利相关的收入和休闲时间；经济系统中与建筑发展相关的实施主体，即开发商、物业、政府和产业。

绿色建筑技术体系复杂性较高，但很多技术是通过影响相同的要素产生效益，可根据技术的应用阶段和效果等对二级指标进行进一步分解，建立起各项技术与效益之间的系统性联系，提炼出三级指标，总计 38 项，作为支撑二级指标评估的基础，提高指标体系的可操作性。

该指标体系可用于评估采用不同技术体系的绿色建筑的环境、社会和经济性能，以各项技术所产生的最终效益为评估基础，判断绿色建筑项目或区域发展过程中所产生的各类效益的均衡性，为技术体系的调整和优化提供依据。

第四节　中国绿色建筑评价标准综合效益评估

一　评估对象及目的

中国 2006 年颁布实施第一部《绿色建筑评价标准》，以指导绿色建筑的建设实践，同时也是绿色建筑质量评级的重要依据。《绿色建筑评价标准》的内容由实现绿色建筑目标的各项技术要求组成，以评价绿色建筑技术效果为主要目的，对最终实现的环境、社会和经济影响不做具体评价。以前文构建的绿色建筑综合效益评估体系为基础，可以对评价标准的技术体系进行评价，以判断《绿色建筑评价标准》中对于环境、社会和经济效益的关注程度。

随着环境问题日益凸显，建筑技术不断进步和创新，绿色建筑技术体系越来越成熟，评价标准要求也越来越高。中国于 2014 年首次对《绿色建筑评价标准》进行更新改版，改版后的《绿色建筑评价标准》在技术体系应用方面更加灵活，评价方法从以定性评价为主转变为以定量评价为主，虽然难度有所增加，但更具科学性和可操作性，项目可根据所处地域自然条件的不同、建筑功能需求的不同等因地制宜地选择合适的技术。为促进绿色建筑进入更高品质的发展阶段，2019 年再次颁布实施了新版本的《绿色建筑评价标准》，以引领绿色建筑发展从量到质的转变。《绿色建筑评价标准》（2006）和《绿色建筑评价标准》（2014）采用的都是“四节一环保”技术体系，而《绿色建筑评价标准》（2019）的技术体系变化较大，因此，本节将《绿色建筑评价标准》（2014）和《绿色建筑评价标准》（2019）的技术体系作为分析对象，进行环境、社会和经济效益的评估，对比不同阶段中国绿色建筑的评价标准在效益关注度方面的差别。

二 评估过程

《绿色建筑评价标准》（2014）的评价内容共分为 8 大板块，包括节地与室外环境、节能与能源利用、节水与水资源利用、节材与材料资源利用、室内环境质量、施工管理、运行管理、提高创新，评价条文数量共计 140 条，其中 2 条为说明性条文，其他 138 条皆为技术性条文（见表 2-9）。

表 2-9 《绿色建筑评价标准》（2014）条文分类及数量统计 单位：条

指标类型（条文数量）	节地与室外环境（19）	节能与能源利用（20）	节水与水资源利用（15）	节材与材料资源利用（17）	室内环境质量（20）	施工管理（17）	运行管理（18）	提高创新（12）
控制项数量	4	4	3	3	7	4	5	0
得分项（条文数量）	土地利用（3）	建筑与围护结构（3）	节水系统（5）	节材设计（6）	室内声环境（4）	环境保护（3）	管理制度（4）	性能提高（7）
	室外环境（4）	暖通、通风与空调（5）	用水器具与设备（4）	材料选用（8）	室外光环境与视野（3）	资源节约（5）	技术管理（5）	创新（5）

续表

<table>
<tr><td>指标类型(条文数量)</td><td>节地与室外环境(19)</td><td>节能与能源利用(20)</td><td>节水与水资源利用(15)</td><td>节材与材料资源利用(17)</td><td>室内环境质量(20)</td><td>施工管理(17)</td><td>运行管理(18)</td><td>提高创新(12)</td></tr>
<tr><td rowspan="2">得分项(条文数量)</td><td>交通设施与公共服务(4)</td><td>照明与电气(4)</td><td>非传统水源利用(3)</td><td></td><td>室内热湿环境(2)</td><td>过程管理(5)</td><td>环境管理(4)</td><td></td></tr>
<tr><td>场地设计与场地生态(4)</td><td>能量综合利用(4)</td><td></td><td></td><td>室内空气环境(4)</td><td></td><td></td><td></td></tr>
</table>

《绿色建筑评价标准》(2019)的评价内容共分为6大板块，包括安全耐久、健康舒适、生活便利、资源节约、环境宜居和提高创新，评价条文数量共计112条，其中2条为说明性条文，其他110条皆为技术性条文(见表2-10)。

表2-10 《绿色建筑评价标准》(2019)条文分类及数量统计 单位：条

<table>
<tr><td>指标类型(条文数量)</td><td>安全耐久(17)</td><td>健康舒适(20)</td><td>生活便利(19)</td><td>资源节约(28)</td><td>环境宜居(16)</td><td>提高创新(10)</td></tr>
<tr><td>控制项数量</td><td>8</td><td>9</td><td>6</td><td>10</td><td>7</td><td>0</td></tr>
<tr><td rowspan="4">评分项(条文数量)</td><td>安全(5)</td><td>室内空气品质(2)</td><td>出行与无障碍(2)</td><td>节地与土地利用(3)</td><td>场地生态与景观(5)</td><td rowspan="4">加分项(10)</td></tr>
<tr><td rowspan="3">耐久(4)</td><td>水质(3)</td><td>服务设施(3)</td><td>节能与能源利用(6)</td><td>室外物理环境(4)</td></tr>
<tr><td>声环境与光环境(3)</td><td>智慧运行(4)</td><td>节水与水资源利用(4)</td><td></td></tr>
<tr><td>室内热湿环境(3)</td><td>物业管理(4)</td><td>节材与绿色建材(5)</td><td></td></tr>
</table>

《绿色建筑评价标准》中技术条文数量众多，本节首先通过识别技术的环境效益、社会效益和经济效益，将产生相同效益的技术进行归类汇总，并与综合效益评估指标体系的三级指标相关联；其次，将其进一步归类到不同的二级评价指标中，整体思路为“自下而上”地

识别效益、“自上而下”地评估效益。

经过统计，《绿色建筑评价标准》（2014）与环境效益评估指标相关的技术条文总数为196条，社会效益和经济效益分别为62条和155条，总计413条。《绿色建筑评价标准》（2019）中与环境效益评估指标相关的技术条文总数为144条，社会效益和经济效益分别为111条和140条，总计395条（见图2-3）。由于大部分技术产生多重效益，而且这些效益并不重复，需进行叠加处理，因此，效益评估总项数大于标准中技术条文总数。

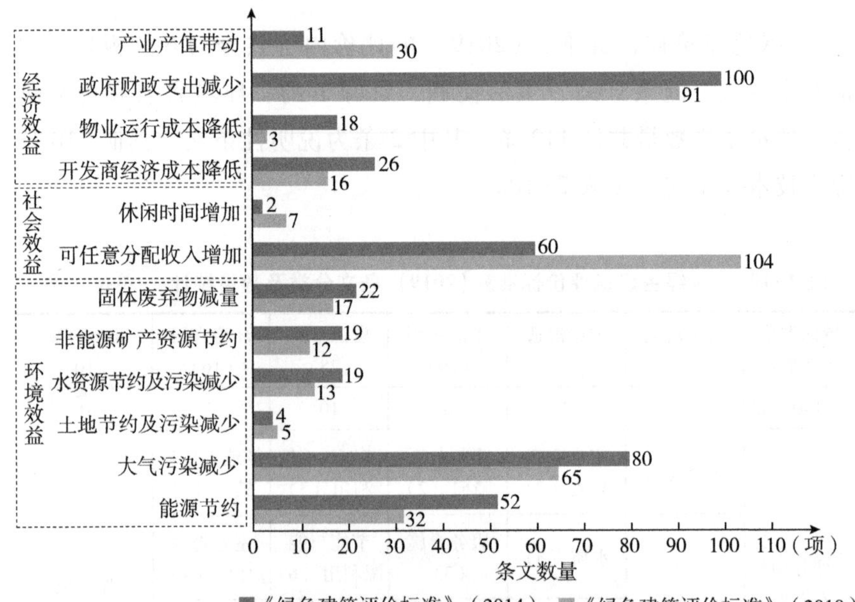

图2-3　关键评价指标相关的技术条文数量统计

在环境效益中，《绿色建筑评价标准》（2014）和《绿色建筑评价标准》（2019）的技术体系中与大气污染减少有关的条文数量最多（分别为80条和65条），具体的技术途径包括减碳、降尘、释氧和净化空气。其中，减碳技术包括能源节约技术、水资源节约技术、固体废弃物减量技术、固碳技术以及碳排放核算技术，大部分技术在解决资源短缺问题的同时，也间接降低了生产过程的碳排放，从而产生了多重效益。除此之外，降尘、释氧和净化空气的环境效益都与建筑的绿化技术相关，但是由于产生环境效益的途径不同，需要分别评估、综合叠加。

在社会效益中，可任意分配收入增加的相关条文数量最多，主要途径包括降低居民建筑使用过程中的能源支出、用水支出以及与各种污染相关的疾病支出，《绿色建筑评价标准》（2014）和《绿色建筑评价标准》（2019）中相关的条文数量相差较大，《绿色建筑评价标准》（2014）为60条，《绿色建筑评价标准》（2019）为104条。

在经济效益中，与政府财政支出减少相关的条文数量最多，《绿色建筑评价标准》（2014）为100条，《绿色建筑评价标准》（2019）为91条，主要技术途径包括减少大气污染、减少市政给排水压力以及减少污染防治支出。

《绿色建筑评价标准》（2014）与《绿色建筑评价标准》（2019）的定量化评价方法差异较大。① 其中，《绿色建筑评价标准》（2014）针对居住建筑和公共建筑分别对八类评价板块设定了不同的权重系数（见表2-11）。在评价过程中，采用加权得分的形式进行计算，最后的总分作为评级依据，可得总分为100分，评级共分为三个等级，即一星级（50分）、二星级（60分）和三星级（80分）。

表2-11 《绿色建筑评价标准》（2014）评价指标权重（运行评价）

建筑类型	节地与室外环境	节能与能源利用	节水与水资源利用	节材与材料资源利用	室内环境质量	施工管理	运行管理	提高创新
居住建筑	0.17	0.19	0.16	0.14	0.14	0.1	0.1	1
公共建筑	0.13	0.23	0.14	0.15	0.15	0.1	0.1	1

《绿色建筑评价标准》（2019）将评价过程分为预评价和终评价阶段，分别对控制项和六类技术板块设定不同的总分（见表2-12）。在评价过程中，采用先合计直接得分、再加权计算的方式，可得总分为1100分，加权后总分为110分，评级共分为四个等级，即满足所有控

① 中华人民共和国建设部、中华人民共和国国家质量监督检验检疫总局发布：《中华人民共和国国家标准（GB/T 50378-2006）：绿色建筑评价标准》，中国建筑工业出版社2006年版；中华人民共和国住房和城乡建设部、中华人民共和国国家质量监督检验检疫总局发布：《中华人民共和国国家标准（GB/T 50378-2019）：绿色建筑评价标准》，中国建筑工业出版社2019年版。

制项要求时为基本级；60 分为一星级，70 分为二星级，85 分为三星级。

表 2-12　　《绿色建筑评价标准》（2019）评价分值　　单位：分

	控制项	安全耐久	健康舒适	生活便利	资源节约	环境宜居	提高创新
预评价分值	400	100	100	70	200	100	100
评价分值	400	100	100	100	200	100	100

本节基于前文所提出的综合效益评估指标体系，对绿色建筑进行评估，三级指标的评价最终可关联到具体的技术条文，因此，可统计出指标体系中每项指标的相关总分值，再通过分值权重分析评估标准内容对各类效益的关注程度，具体的计算分为四个步骤。首先，统计与三级指标相关的技术条文分值；其次，将与二级指标相关的三级指标分值求和，获得二级指标的评价分值；再次，统计一级指标的和值；最后，以综合效益总分值为分母，分别计算二级指标和三级指标的分值权重，即《绿色建筑评价标准》中各类效益的关注度系数。

三　评估结果与分析

《绿色建筑评价标准》（2014）中，公共建筑和居住建筑的加权计算方法不同，因此，综合效益评估的结果也有所差异（见表 2-13），但权重分布特征基本一致。

表 2-13　　《绿色建筑评价标准》（2014）各类效益权重

<table>
<tr><th>一级指标</th><th>居住建筑总分（分）</th><th>公共建筑总分（分）</th><th>居住建筑权重</th><th>公共建筑权重</th><th>二级指标</th><th>居住建筑总分（分）</th><th>公共建筑总分（分）</th><th>居住建筑权重</th><th>公共建筑权重</th></tr>
<tr><td rowspan="6">环境效益</td><td rowspan="6">206.62</td><td rowspan="6">207.32</td><td rowspan="6">0.454</td><td rowspan="6">0.462</td><td>能源节约</td><td>59.11</td><td>63.91</td><td>0.130</td><td>0.142</td></tr>
<tr><td>大气污染减少</td><td>79.25</td><td>77.67</td><td>0.174</td><td>0.173</td></tr>
<tr><td>土地节约及污染减少</td><td>5.87</td><td>4.63</td><td>0.013</td><td>0.011</td></tr>
<tr><td>水资源节约及污染减少</td><td>22.99</td><td>19.91</td><td>0.050</td><td>0.044</td></tr>
<tr><td>非能源矿产资源节约</td><td>18.40</td><td>19.30</td><td>0.040</td><td>0.043</td></tr>
<tr><td>固体废弃物减量</td><td>21.00</td><td>21.90</td><td>0.046</td><td>0.049</td></tr>
</table>

续表

一级指标	居住建筑总分（分）	公共建筑总分（分）	居住建筑权重	公共建筑权重	二级指标	居住建筑总分（分）	公共建筑总分（分）	居住建筑权重	公共建筑权重
社会效益	70.62	70.71	0.155	0.157	可任意分配收入增加	68.07	68.76	0.150	0.153
					休闲时间增加	2.55	1.95	0.006	0.004
经济效益	178.06	171.19	0.391	0.381	开发商经济成本降低	28.75	28.50	0.063	0.063
					物业运行成本降低	13.32	13.50	0.029	0.030
					政府财政支出减少	120.64	113.98	0.265	0.254
					产业产值带动	15.35	15.21	0.034	0.034

《绿色建筑评价标准》（2014）的技术体系以解决环境问题为主要目标，与环境效益相关的技术条文总分最高，居住建筑评分总计206.62分，占综合效益总评分的45.4%。其中，大气污染减少的技术总分占比最高（见图2-4），其次为能源节约、水资源节约及污染减少。主要原因是绿色建筑的技术体系在节能、节水和节材的同时也可以间接降低相关行业的碳排放，因此，与大气污染相关的技术总量最多，缓解大气污染的作用较明显。在经济效益中，政府财政支出减少的比重最高，该项效益是绿色建筑环境效益的正外部影响，在缓解环境污染的过程中间接地产生了经济效益。政府作为社会经济系统的管理协调者，应为绿色建筑的发展提供多形式的政策保障，发挥指引作用，通过充分认识这部分经济效益，政府可将其内化，制定更有力度、更具创新性的多途径激励政策，为绿色建筑的发展提供更多的驱动力。与环境和经济效益相比，《绿色建筑评价标准》（2014）的社会效益权重占比较低，约为16%。

《绿色建筑评价标准》（2019）虽然仍以解决环境问题为主要目标，但与《绿色建筑评价标准》（2014）相比，环境效益、经济效益和社会效益的权重分布更加均衡，环境效益权重略高于经济效益权重，社会效益与其他两类效益的差距明显缩小（见表 2-14）。

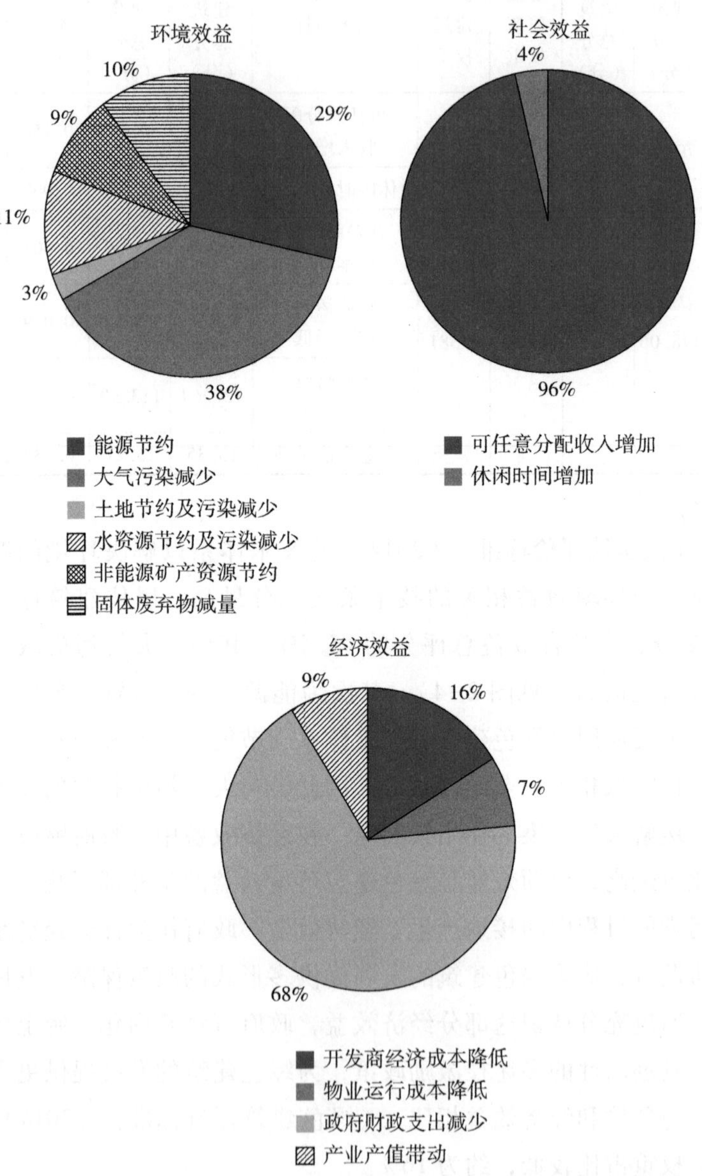

图 2-4 《绿色建筑评价标准》（2014）二级指标权益权重分析（居住建筑）

注：由于公共建筑占比分析结果与居住建筑相差较小，此处以居住建筑为例进行分析。

表 2-14　　《绿色建筑评价标准》(2019) 各类效益权重

一级指标	总分(分)	权重	二级指标	总分(分)	权重
环境效益	170.1	0.371	能源节约	37.5	0.082
			大气污染减少	77.2	0.169
			土地节约及污染减少	5	0.011
			水资源节约及污染减少	15.1	0.033
			非能源矿产资源节约	14.7	0.032
			固体废弃物减量	20.6	0.045
社会效益	123.3	0.269	可任意分配收入增加	118.2	0.258
			休闲时间增加	5.1	0.011
经济效益	164.7	0.360	开发商经济成本降低	19.5	0.043
			物业运行成本降低	2.9	0.006
			政府财政支出减少	106.5	0.232
			产业产值带动	35.8	0.078

图 2-5 对比了《绿色建筑评价标准》(2014) 和《绿色建筑评价标准》(2019) 的二级指标效益权重。在《绿色建筑评价标准》(2019) 中，可任意分配收入增加效益的权重明显高于《绿色建筑评价标准》(2014)，产业产值带动效益权重也有所提升，能源节约、水资源节约及污染减少和物业运行成本降低效益的权重略有降低，其他类型效益权重变化不大。主要原因是《绿色建筑评价标准》(2019) 对评价内容板块进行了重大调整，新增安全耐久、健康舒适、生活便利和环境宜居四类评价内容，将《绿色建筑评价标准》(2014) 中节地、节能、节水和节材四大板块内容归类到资源节约一个板块中，而新增板块都将建筑使用者作为关注点，通过间接减少疾病、通勤、水电支出等增加人们的可任意分配收入，大大地提升了绿色建筑的社会效益，使其他类别效益的权重有了不同程度的变化。

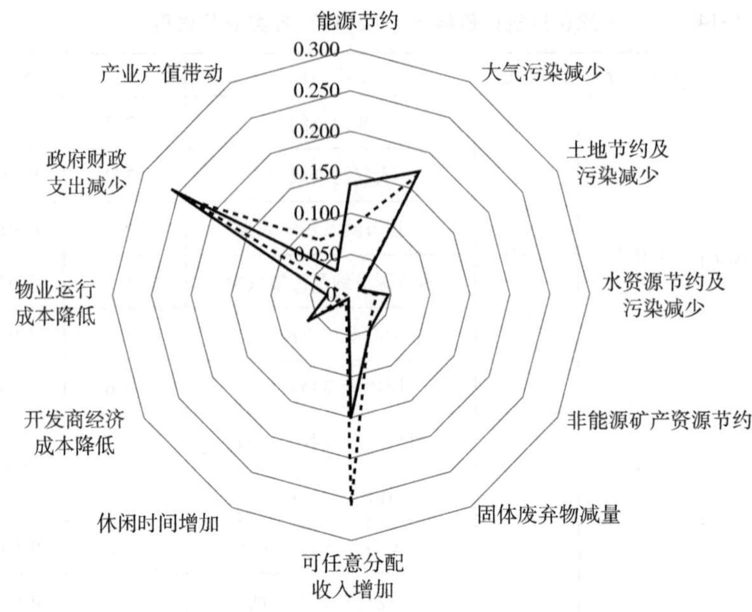

图 2-5 《绿色建筑评价标准》（2014）与《绿色建筑评价标准》（2019）效益权重对比分析

第五节　小结

本章以充分认识绿色建筑各项技术的原理、应用方式和效果为基础，全面分析技术产生的环境、社会和经济效益，识别评估绿色建筑综合效益的关键性指标，梳理绿色建筑综合效益网络，从而构建绿色建筑综合效益评估指标体系，并对中国《绿色建筑评价标准》（2014）和《绿色建筑评价标准》（2019）的综合效益进行了评价，为进行效益的价值评估奠定基础。

第一，绿色建筑技术体系较为复杂，大部分单项技术会产生多项效益。由于所影响的效益要素数量是有限的，需根据影响要素对技术进行统计分类。其中，绿色建筑所影响的环境要素涉及能源、大气、土地、水、非能源矿产资源和固体废弃物，社会要素涉及可任意分配收入和休闲时间，经济要素涉及开发商、物业、政府和产业。

第二，绿色建筑综合效益评估指标体系以评估绿色建筑的环境、社会和经济性能为目的，选择的指标应能表征其各项性能，且具备技术相关性与价值量化的可能性。本章构建的指标体系以综合效益为总目标，一级指标包括环境效益、社会效益和经济效益；二级指标以环境、社会和经济系统的组成要素为评估对象，总计 12 项；三级指标按技术效果进行分类，与二级指标相关联，总计 38 项。

第三，中国《绿色建筑评价标准》以绿色技术应用要求为主要内容，以评价技术效果为主要目的。本章构建的评估指标体系可用于评估标准对各类效益的关注程度。结果显示，通过对中国《绿色建筑评价标准》的多次修订，绿色建筑技术体系不断得到完善和提升，《绿色建筑评价标准》（2019）的技术体系对于环境、社会和经济效益的关注度更加均衡，为今后绿色建筑的高质量发展奠定了坚实的基础。

第三章 绿色建筑综合效益价值评估模型

在绿色建筑综合效益评估体系中，不同类别的评估指标含义不同，表征效益的量化数据也具有不同的单位，虽然可以在不同的项目之间对相同的指标做横向对比分析，但是难以评估不同技术的综合性能差异，也无法从整体上评估项目综合效益的优劣，对于宏观层次的分析也缺乏数据接口。环境经济学是经济学与环境学的交叉学科，与社会科学、自然科学等学科的交叉性也很强，可以在一定程度上解决这个问题，破除环境、经济与社会系统之间的障碍，将绿色建筑所产生的各类效益进行货币化统一，从而实现微观层面与宏观层面的全方位对比研究。

第二章构建了绿色建筑综合效益评估指标体系，本章将以此为指导，以二级指标为出发点，向下进行技术量化，向上进行效益的价值评估，从而构建绿色建筑综合效益价值评估模型。

第一节 价值评估理论基础

一 环境经济学：理论基础、发展形成及研究现状

环境经济学起源于严重的生态破坏和环境污染问题。第二次世界大战结束后，西方各国把精力都放在了恢复和发展经济上，忽视了资源消耗和环境保护，导致“世界八大公害事件”发生。1962 年，美国海洋生物学家蕾切尔·卡逊出版《寂静的春天》一书，揭示了环境污染对生态系统的影响，促使环境科学的产生和发展。1972 年，“联合国人类环境会议”召开，提出了“只有一个地球”的口号且发布

了《人类环境宣言》，从此环境问题开始受到足够的重视，成为人类社会经济发展过程中必须要考虑的重要因素。环境经济学是在经济学家不断深入认识污染问题的背景下产生的，其主要理论渊源可以追溯到20世纪初形成的“帕累托最优理论”和“外部性理论”。在环境经济学发展的初始阶段，经济活动所带来的污染是最先暴露出来的外部性影响，所以，这个阶段研究的主要内容是污染与经济活动之间的关系。

随着人口数量的激增、城市规模的迅速扩张，经济活动的外部性影响让自然资源越来越体现出稀缺性，经济的发展无法再继续依靠自然资源的无限和无偿索取。20世纪70年代，马尔萨斯的《人口论》最早开始关注土地的稀缺性对人口增长的限制问题，罗马俱乐部的研究报告《增长的极限》指出，地球上的资源是有限的，如果人类社会继续追求物质生产方面的既定目标，最终会达到地球上的许多极限中的某一个极限，可能带来人类社会的崩溃和毁灭；同时，提出了“全球均衡状态”的设想，引起了人们的广泛争论。虽然人们认识到了人类与自然之间的矛盾，也希望尽快找到改善的途径，但单纯地依靠道德操守作为抗争污染的唯一手段，难以实现资源的最优配置。[①] 在没有意识到环境问题给人类带来的影响之前，人们从自然界无偿获取了巨大的利益，包括清洁的空气、水、森林、矿藏和金属以及各种动植物资源。随着人类活动的过度消耗和排放，对自然的伤害逐渐加深，摆在人们面前的问题也越来越棘手，除气候变化和各类污染外，各种资源的短缺问题也亟待解决。环境资源具备稀缺性、多用途性等市场特质，利用经济学手段可以为解决环境与经济发展之间的矛盾提供更多的途径，越来越多的经济学家开始用经济理论分析环境污染产生的原因，评估环境污染的经济损失，探索保护环境的经济对策，分析防止污染的成本与效益。

中国的环境经济学于1978年的全国哲学社会科学发展规划会议

---

① ［美］巴利·C. 菲尔德、［美］玛莎·K. 菲尔德：《环境经济学》，原毅军、陈艳莹译，东北财经大学出版社2010年版。

中提出，1981 年召开“环境经济学学术讨论会”，标志着中国环境经济学作为一门学科的产生，中国早期的环境经济学主要关注将当代技术经济学的有关方法应用于环境问题的具体研究上，比如费用效益分析。① 20 世纪 80 年代中期以后，中国市场经济地位确定，环境经济学的理论基础从传统的社会主义政治经济学转向现代经济学，在吸收西方环境经济学理论的基础上，与实践结合，逐渐发展成为一套较为完善的体系并开展了大量的专题研究，包括环境保护与经济发展关系、环境投入产出分析、环境管理经济手段、环境保护市场化、环境保护投资与效益、环境保护计划纳入国民经济和社会发展计划、环境资源核算纳入国民经济核算体系、环境污染与生态破坏损失方法计算等。②

环境经济学的发展得益于经济学方法论的进步，由于研究对象增加了环境要素，在应用过程中还需要不断吸收其他学科的技术和思想，包括环境学、政治学、生态学、化学等，呈现出边缘性、综合性和应用性的特点。21 世纪以来，环境问题趋于全球化，气候变化威胁着人们的生活，可持续发展成为新时代的主题。2018 年诺贝尔经济学奖颁发给了 William D. Nordhaus 和 Paul M. Romer，以表彰他们将气候变化和技术创新纳入长期宏观经济增长分析中所作出的学术贡献，环境经济学也因此成为研究领域的热门。在面对众多自然约束的今天，人类的发展已经开始逐步告别单纯追求经济增长的时代，在向可持续发展过渡的阶段，环境经济学可以提供很多有效的途径，碳排放交易市场、碳税、资源税等政策手段都是环境经济学领域的创新探索。随着科技和思想的不断进步，环境经济学的研究内容会更加深入，研究对象会更加广泛，延伸至更多需要解决环境问题与经济发展之间矛盾的领域，从各个方面开辟可持续发展的有效途径。

二　价值评估理论

价值评估是环境经济学在社会经济发展过程中的重要应用，又被

---

① 张世秋：《环境经济学研究：历史、现状与展望》，《南京工业大学学报》（社会科学版）2018 年第 1 期。

② 刘传江、侯伟丽主编：《环境经济学》，武汉大学出版社 2006 年版。

称为环境影响的经济评价技术，也被简称为货币化技术或环境经济评价技术。环境物品或服务的价值在市场中常常被忽略，主要是由于环境物品或服务的公共物品特征以及外部性的存在，从而导致市场失灵。价值评估通过一定的手段，对环境（包括组成环境的要素、环境质量）所提供的物品或服务进行定量评估，并以货币的形式表征出来，从而引入经济运行体系，为制定环境经济政策提供技术基础。[①] 绿色建筑是承载了一定环境功能的复杂商品，通过价值评估可以将其产生的效益纳入综合决策中，是发展所需，也是市场所需。

环境价值评估方法可以分为三种类型：直接市场评估法、揭示偏好法、陈述偏好法。每种方法还包括很多具体的评估方式，在评估过程中可以根据影响的相对重要性、信息的可得性以及研究经费和时间进行选择。

1. 直接市场评估法

直接市场评估法运用货币价格，对可以观察和度量的环境质量变化进行测算。具体的方法包括剂量—反应法、生产率变动法、疾病成本法、人力资本法、重置成本法、机会成本法和影子工程法。

其中，剂量—反应法通过一定的手段评估环境变化给受害者造成影响的物理效果，目的在于建立环境损害和造成损害的原因之间的联系，可为其他直接市场评估法提供信息和数据基础，主要用于评估环境变化对市场产品或服务的影响。生产率变动法利用因环境质量变化引起的产值和利润的变化来计算环境质量变化的经济效益或损失的一种方法。疾病成本法和人力资本法是用来估算环境变化造成的健康损失成本的主要方法。重置成本法通过估算环境被破坏后将其恢复原状所需支出的费用来评估环境影响。机会成本法利用环境资源的机会成本来计量环境的经济效益或损失。影子工程法假设采用人工工程代替原来的环境功能，以该工程的建设成本作为环境物品本身的价值。

直接市场评估法因其比较直观、易于计算、易于调整等优点而被

---

① 陈志凡、耿文才编著：《环境经济学：价值评估与政策设计》，河南大学出版社2014年版。

广泛应用，主要适用于评估主要环境问题对于经济生产、人体健康、气候和生态的影响。其应用需要具备的条件包括环境质量变化直接影响产品或服务产出的增加或减少，产品或服务是市场化的，或是潜在的、可交易的，有市场化的替代物；环境影响的物理效果明显，可观察或能用实证方法获得；市场成熟有效、运行良好，价格是衡量产品或服务经济价值的良好指标。①

直接市场评估法采用的是较客观的市场数据，但也存在一定偏误，应用过程中应注意三个方面的问题。一是估计的市场价值只是部分价值，可比性较差；二是当基于生态修复成本进行价值估计时，结果可能高于或者低于损失的市场价值；三是某些生态环境问题的后果具有相当大的不确定性，估计结果应谨慎。大部分应用以局部地区的边际变化分析为主，只有少数研究关注大范围生态环境整体服务价值的估算，但这类研究也非常有必要。②

2. 揭示偏好法

揭示偏好法通过考察人们在与环境联系紧密的市场中所支付的价格或获得的利益，间接推断出人们对环境的偏好，以此来估算环境质量变化的经济价值。具体的方法包括内涵资产定价法、防护支出法、旅行费用法和工资差额比较法。

内涵资产定价法从人们购买具有环境属性的商品价格中推断环境的价值，通常用于房地产市场分析，揭示价格与环境属性之间的关系。当房地产市场比较活跃，环境质量对于房产价值的影响被人们所认知，且在交易公平透明的情况下，可采用该方法评估局部地区环境质量变化的价值影响以及舒适性对于社区福利的影响等。

防护支出法则是根据人们为防止环境退化所准备支出的费用推断环境价值。该方法适用于空气污染、水污染、噪声污染、土壤侵蚀、土地退化、海洋污染等环境问题的评估，在应用过程中，应充分理解

① 陈志凡、耿文才编著：《环境经济学：价值评估与政策设计》，河南大学出版社 2014 年版。

② 史丹、王俊杰：《生态环境的经济价值评估方法与应用》，《城市与环境研究》2016 年第 2 期。

来自环境的威胁，且这些环境退化的影响可通过一定的措施来缓解，可实现措施费用的估算。

旅行费用法常常被用来评价没有市场价格的自然景点或环境资源价值，可以通过旅游场所经营收益来评估环境价值，也可以通过旅游者对于旅游场所的支付意愿来评估。主要适用于休闲娱乐场所、自然保护区、国家公园、休闲娱乐功能的自然场地的价值评估，应用过程中需要具备一定的条件，包括目的地可达、没有直接的门票或费用、到达目的地的时间或开销很大。

工资差额比较法利用不同环境质量条件下工人工资水平的差异估计环境质量变化造成的经济损失或效益。由于在发展中国家，不一定能真正把环境质量反映到工资中，经常出现低工资和恶劣的工作环境并存的现象，所以，其适用性比较令人质疑。

3. 陈述偏好法

陈述偏好法中最典型的方法是意愿调查价值评估法，通过调查推导人们对环境资源的假象变化的评价，主要用于缺乏真实市场数据的情形。具体的方法包括投标博弈法、比较博弈法、无费用选择法和德尔菲法。该方法适用于评价空气和水的质量、无价格的自然资产、生物多样性的选择价值、交通条件改善、污水处理等。应用过程中需要具备的条件包括四个方面：一是环境变化对市场产出没有直接的影响，二是难以直接通过市场获取人们对物品或服务的偏好信息，三是样本人群具有代表性，四是有充足的资金、人力和时间进行研究。

投标博弈法要求调查对象根据假设的情况，提出对不同水平的环境物品或服务的支付意愿或接受赔偿意愿。比较博弈法则要求被调查者在不同的物品与相应数量的货币之间进行选择。无费用选择法通过询问个人在不同的物品或服务之间的选择来估算环境价值。德尔菲法通过询问专家来评定特殊产品的价值。

第二节　绿色建筑环境效益价值评估

一　土地节约及环境效益价值评估

（一）土地节约量计算

绿色建筑技术体系中主要的节地技术包括集约利用土地和开发地下空间，但是，集约利用突出土地的高效使用，难以进行具体量化，本书暂不对该类技术进行计算。地下空间开发情况可以通过调研和统计方式获得比较准确的数据，但对于比较宏观的研究，在难以获得具体数据时，可利用建筑面积和绿色建筑标准中对于地下空间开发的技术量化要求进行估算，即：

$$A_{LSR}=A_{RB}\gamma \tag{3-1}$$

$$A_{LSP}=\beta\frac{A_{PB}}{R} \tag{3-2}$$

其中，A_{LSR} 表示居住建筑地下空间开发面积（m^2）；A_{RB} 表示居住建筑面积（m^2）；γ 表示居住建筑地下建筑面积与地上建筑面积的比率要求，《绿色建筑评价标准》（2019）中最低要求为5%，最高为35%以上；A_{LSP} 表示公共建筑地下空间开发面积（m^2）；A_{PB} 表示公共建筑面积（m^2）；β 表示公共建筑容积率；R 表示公共建筑地下建筑面积与总用地面积比例要求，《绿色建筑评价标准》（2019）中最低要求为0.5，最高要求为1.0以上。

（二）节地的环境效益价值评估

随着城市规模的迅速扩张，土地资源越来越稀缺。近年来，“地王”现象的不断出现有力地证明了土地价值的日益高涨，高效利用土地也逐渐成为建筑设计的硬性要求。建筑的售价由三个部分组成，即建筑建造成本、用地地租和政府税收，其中，用地地租占房屋售价的一半以上。[①] 李英伟等对国有土地使用权价值补偿理论与房地产税改革问题进行了总结分析，指出土地是资源性资产，也是潜在资产，具有使用价值和价值的二重性。[②] 储旭辉等基于模糊综合评价法评价了江苏沿江经济带土地集约利用情况，指出土地集约利用能有效解决资源短缺、水土流失、环境恶化的问题，为缓解资源环境压力以及人口红利即将消失的困境提供出路，也为农村土地改革注入新鲜活力。[③] 土地的稀缺价值充分体现在日益高涨的土地价格上，因此，在进行价值量化过程中可采用直接市场评估法，利用土地节约面积与土地价格的乘积计算节地效益，即：

$$E_L = A_{LS} P_L \tag{3-3}$$

其中，E_L 表示节地效益的价值（元）；A_{LS} 表示节约的土地面积（m^2）；P_L 表示土地价格（元/m^2），可取全国平均价格，参考中国每年发布的《国土资源公报》。

二 能源节约及环境效益价值评估

能源问题一直是社会经济发展面临的巨大挑战，节能工作也一直是可持续发展的重点任务。根据 2019 年 BP 发布的《世界能源统计年鉴》可知，能源消费和使用能源过程中的碳排放在 2018 年的增速达到了自 2010 年以来的最高水平，这与《巴黎协定》设定的目标背道而驰。BP 经济学团队认为，天气因素是导致增长的主要原因，2018 年频繁的异常寒冷与炎热的天气使家庭和企业增加供暖与制冷的需求。从侧面说明，建筑的性能还不足以抵御异常天气的影响，只有通过新技术降低建筑对于传统能源的依赖，才可以逐步走出不可再生能源耗竭的困境。

（一）能源节约量计算

绿色建筑中节约能源的技术包括被动式节能技术、主动式节能技术

---

① 王敏、黄滢：《限购和房产税对房价的影响：基于长期动态均衡的分析》，《世界经济》2013 年第 1 期。

② 李英伟、钟国柱：《国有土地使用权价值补偿理论与房地产税改革》，《税务研究》2018 年第 9 期。

③ 储旭辉、严菁辰：《基于模糊综合评价法的江苏沿江经济带土地集约利用评价》，《湖北农业科学》2017 年第 16 期。

和新能源应用技术，对于单个项目而言，较准确的量化方式是在获得各项技术参数的基础上进行能耗模拟，已运营项目可以通过对比绿色建筑与非绿色建筑的实际能耗监测数据获得节能量。而对于区域性或全国性的宏观分析，在技术参数难以获得的情况下，可在宏观数据的基础上进行一定程度的简化计算。本章基于第二章的内容，针对较常用的节能技术提出量化计算模型，参考公开可得的资料确定相关的参数。

在被动式节能技术中，建筑设计参数的优化和围护结构性能的提升都是为了实现一定的节能率，因为建筑能耗水平是在气候条件、各类设计参数和部品性能等综合作用下的结果，所以很难通过单纯的理论计算获得，需要进行系统性分析。能耗模拟是较理想的方式，也可以根据项目条件筛选类似研究的节能率并进行合理取值，再结合建筑的总能耗计算节能量，计算方法如式（3-4）所示。除被动式技术外，式（3-4）也适用于外遮阳、室内空气质量监控、室内自然通风、暖通空调系统性能优化等以节能率为评价指标的节能技术。

$$Q_E = r_e(A_{PB}q_{PB} + A_{RB}q_{RB}) \tag{3-4}$$

其中，Q_E 表示节约的能耗量（kW·h）；r_e 表示技术节能率，根据模拟数据或类似研究数据获得；A_{PB} 表示公共建筑面积（m^2）；q_{PB} 表示公共建筑单位面积能耗（kW·h/m^2），根据 2016 年《中国建筑能耗研究报告》可获得 2011—2015 年每年的公共建筑平均单位能耗数据；A_{RB} 表示居住建筑面积（m^2）；q_{RB} 表示居住建筑单位面积能耗（kW·h/m^2），根据 2016 年《中国建筑能耗研究报告》可获得 2011—2015 年每年的居住建筑平均单位能耗数据。

在暖通空调节能技术中，除系统性能提升外，还有一些能源综合利用的新技术应用，例如排风能量回收系统、蓄冷蓄热系统等，其中，应用比较广泛的排风能量回收系统可以节约夏季空调的耗电量以及冬季供暖的燃气量。依据暖通设计的相关标准，可通过式（3-5）至式（3-8）进行计算。由于该项技术主要应用于公共建筑，在新风量的计算过程中按公共建筑设计参数进行取值，每年运行时间按 250 天计。在回收热量的计算中，回风量按新风量的 80%计算，热回收机组的效率按 75%取值。冬、夏两季回收的热量按全年总热量的 50%计算。在具体案例的计算过程中，可根据项目的实际参数进行合理调整。

$$Q_n = 250q_f Nt \tag{3-5}$$

$$Q_{HR} = 0.8Q_n \rho_a \Delta h \times 0.75 \tag{3-6}$$

$$Q_E = \frac{Q_{HR}}{2COP \times 3600} \tag{3-7}$$

$$Q_N = \frac{Q_{HR}}{2\eta q_N \times 3600} \tag{3-8}$$

其中，Q_n 表示年新风量（m^3）；q_f 表示人均单位新风量，《民用建筑供暖通风与空气调节设计规范》（2012）中规定最小新风量为 $30m^3$/（h·人）；N 表示建筑使用人数（人）；t 表示新风系统运行时间（h）；Q_{HR} 表示回收的热量（kJ）；ρ_a 表示空气密度（1.29kg/m^3）；Δh 表示室内外空气焓差（kJ/kg），宏观计算可取中国中部地区冬、夏两季平均水平（约 20kJ/kg）；Q_E 表示节约的电量（kW·h）；COP 表示空调系统性能系数，根据《公共建筑节能设计标准》（GB 50189-2015）规定值取值（3.85）；Q_N 表示节约的燃气量（Nm^3）；η 表示锅炉的热效率，根据《公共建筑节能设计标准》（2015）规定值取值（90%）；q_N 表示天然气的能量值（10.814kW·h/Nm^3）。

照明系统的节能主要靠设备节能和行为节能。设备节能量可以基于实际节能灯具与普通灯具的技术参数差值进行计算，这种计算方式在具备项目详细数据的情况下较为适宜，对于宏观层次的分析，可根据照明密度值的标准要求进行估算。行为节能的节能量难以通过计算的方式获得，理想的方式是通过对比不同项目的耗电数据来获得。除此之外，自然采光也是降低照明能耗的有效方式，应用较多的技术是通过导光管、增设窗户等方式使地下空间、建筑顶层等位置可以利用自然光进行照明。自然采光可以减少白天人工照明的使用时间，节能量的计算可通过应用面积、照明需求时间以及照明设计的相关标准要求进行计算，即：

$$Q_{NL} = r_{NL} A q_B h/1000 \tag{3-9}$$

其中，Q_{NL} 表示自然采光技术节电量（kW·h）；r_{NL} 表示自然采光应用面积比例；A 表示自然采光应用区域总面积（m^2）；q_B 表示自然采光应用区域单位面积照明功率规定值（W/m^2），可参照《建筑照明设计标准》（2013）中的相关内容；h 表示室内照明全年时长（h）。

新能源系统虽然形式多样，但是其目的都是替代建筑运行中的传统能源使用量，具体的量化可以通过核算新能源系统的能耗替代比重进行计算，根据《绿色建筑评价标准》（2019）中可再生能源应用要求，计算新能源系统的节能量，即：

$$Q_E = r_{PB}A_{PB}q_{PB} + r_{RB}A_{RB}q_{RB} \tag{3-10}$$

其中，Q_E 表示节约的电量（kW · h）；r_{PB} 表示公共建筑中可再生能源能耗替代比重；r_{RB} 表示居住建筑中可再生能源能耗替代比例。

屋顶绿化通过提高屋顶的隔热保温性能发挥降低建筑能耗需求的作用，隔热保温的效果受屋顶绿化的植物种类、覆土厚度等因素的影响，较准确的衡量方式是通过检测对比计算室内节能量，在条件不足的情况下，可根据屋顶绿化保温性能既有研究的相关结论，根据式（3-11）进行估算，即：

$$Q_E = A_{GR}q_{GR} \tag{3-11}$$

其中，A_{GR} 表示屋顶绿化面积（m^2）；q_{GR} 表示单位绿化屋顶所能节约的电量（可取 10.66kW · h/m^2）。①

（二）节能的环境效益价值评估

上述内容对绿色建筑实施过程中与环境的能源要素相关的技术进行了逐一分析，目的在于掌握各项技术的节能效果，为进行绿色建筑节能效益的价值评估提供基础。中国的能源结构仍以化石能源为主，建筑所消耗的大部分能源来自利用化石能源生产的二次能源，主要的用能形式包括电力、燃气和集中热力。这三种形式的能源都具备较完善的市场机制，市场价格可以很好地体现其资源稀缺性价值。因此，在将绿色建筑节能的环境效益进行经济价值量化的过程中，可采用直接市场评估法。

中国电力生产仍以火电为主要形式，节约的电量可以直接减少煤

---

① 赵定国、唐鸣放、章正民：《轻型屋顶绿化夏降温冬保温的效果研究》，《绿色建筑》2010 年第 4 期。

炭的消耗，从而实现能源矿产资源的节约，产生环境效益。因此，节电的能源效益可采用直接市场法，以能源矿产资源节约量和矿产的市场价格为基础进行计算，即：

$$E_C = Q_E C_E P_C / 10^6 \tag{3-12}$$

其中，E_C 表示煤炭资源节约效益（元）；Q_E 表示节电量（kW·h）；C_E 表示火电生产中单位电量的煤炭消耗量（g/kW·h），可根据项目所在区域的实际情况进行取值，或采用中国平均数据，约为 320g/kW·h；① P_C 表示煤炭价格（元/t）。

除电力外，绿色建筑还可以减少天然气的消耗，其价值评估计算方式可表示为：

$$E_{NR} = Q_N P_N \tag{3-13}$$

其中，E_{NR} 表示天然气资源节约效益（元）；Q_N 表示燃气节约量（Nm^3）；P_N 表示天然气价格（元/Nm^3）。

三　水资源节约及环境效益价值评估

（一）水资源节约量计算

绿色建筑的节水技术分为两类，一类是通过开源节流的方式减少建筑运行过程中的用水量，例如，雨水回用、节水器具、节水灌溉等；另一类是通过节地技术体系中的生态补偿措施，增强水资源的生态循环功能，例如，绿化、透水铺装等。

建筑卫生器具的种类主要包括水龙头、淋浴器、坐便器和小便器，绿色建筑中要求使用较高用水效率等级的卫生器具，最高要求为Ⅰ级。根据各类卫生器具的行业标准，不同用水效率等级的卫生器具用水量不同，可根据差值计算节水率。在节水量计算过程中，因为用水计量方式并未对不同类型的用水器具分开计量，所以较难准确计算，可通过节水器具的平均节水率和建筑平均用水量进行估算，即：

$$W_{BS} = 365qNr \tag{3-14}$$

其中，W_{BS} 表示节水器具年节水量（L）；q 表示人均日生活用水量（L/d），可参考不同年份的《城市建设统计年鉴》；N 表示建筑使

---

① 杨勇平等：《中国火力发电能耗状况及展望》，《中国电机工程学报》2013 年第 23 期。

用人数，可根据建筑面积进行估算；r 表示节水器具平均节水率（0.2）。①

节水灌溉技术可以有效提高绿化灌溉的用水效率，节水率可达30%。② 节水量可根据绿化灌溉用水量的标准要求，结合节水灌溉的节水效率进行计算，即：

$$W_{IS}=F_I q_I r_I \tag{3-15}$$

其中，W_{IS} 表示节水灌溉节水量（m^3）；F_I 表示节水灌溉面积（m^2）；q_I 表示灌溉单位面积年用水量（$m^3/m^2 \cdot a$），可根据《中华人民共和国国家标准（GB 50555-2010）：民用建筑节水设计标准》进行取值（$0.28m^3/m^2 \cdot a$）；③ r_I 表示节水灌溉节水率。

雨水回收利用系统主要收集地面和屋面雨水，经过过滤、杀菌消毒处理后用于绿化灌溉、道路冲洗等，从开源的角度降低建筑对市政给水的需求，节水量可通过计算雨水回用系统收集的雨水量获得，即：

$$W_R = 10h_a \times (0.6—0.7) \sum \varphi_i F_i \tag{3-16}$$

其中，W_R 表示年收集雨水量（m^3）；h_a 表示常年降雨厚度（mm）；φ_i 表示 i 种地面的雨水径流系数，参考《建筑与小区雨水利用工程技术规范》（2006）；F_i 表示雨水收集的第 i 种地面的面积（hm^2），包括屋面、硬质地面、绿地等。

---

① 中华人民共和国国家质量监督检验检疫总局、中国国家标准化管理委员会发布：《中华人民共和国标准（GB/T 18870-2011）：节水型产品通用技术条件》，中国标准出版社2012年版；中华人民共和国国家质量监督检验检疫总局、中国国家标准化管理委员会发布：《中华人民共和国标准（GB 25502-2010）：坐便器用水效率限定值及用水效率等级》，中国标准出版社2011年版；中华人民共和国国家质量监督检验检疫总局、中国国家标准化管理委员会发布：《中华人民共和国标准（GB 28378-2012）：淋浴器用水效率限定值及用水效率等级》，中国标准出版社2012年版；中华人民共和国国家质量监督检验检疫总局、中国国家标准化管理委员会发布：《中华人民共和国标准（GB 25501-2010）：水嘴用水效率限定值及用水效率等级》，中国标准出版社2011年版。

② 刘鑫：《天津地区园林绿化节水灌溉技术研究》，硕士学位论文，天津大学，2016年。

③ 中华人民共和国住房和城乡建设部、中华人民共和国国家质量监督检验检疫总局发布：《中华人民共和国国家标准（GB 50555-2010）：民用建筑节水设计标准》，中国建筑工业出版社2010年版。

透水铺装是提升建筑场地生态功能的主要技术之一，应用较广泛，主要作用是削减雨水径流量，从而起到补充地下水的作用。《绿色建筑评价标准》（2019）中规定，硬质铺装地面中透水铺装面积的比重应达到50%，一般透水铺装的径流消减率可达50%，① 依此可计算出所减少的雨水径流量，即：

$$W_P = A_P h_a \varphi_h \theta \tag{3-17}$$

其中，W_P 表示透水铺装雨水径流消减量；A_P 表示透水铺装面积（hm^2）；φ_h 表示硬质地面径流系数（0.9）；θ 表示透水铺装径流消减率。

种植绿化植物的地面比硬质地面的径流系数小很多，可以起到很好的雨水渗透涵养作用。不同类型地面的雨水径流系数不同，代表所滞留的雨水量不同，因此，可根据雨水径流系数的差值计算绿地的水资源节约量，即：

$$W_G = A_G h_a (\varphi_h - \varphi_G) \tag{3-18}$$

其中，W_G 表示绿化调节水量（m^3）；A_G 表示绿化面积（hm^2）；φ_G 表示绿化地面径流系数（0.15）。

（二）节水的环境效益价值评估

水是人类生存的必需物质，也是很多经济生产活动必不可少的要素。但是随着气候的变化、水循环生态系统的破坏以及水体污染等问题的出现，水资源日益紧缺。2023年，中国干旱灾害造成2097.4万人次不同程度受灾，农作物受灾面积达3803.7千公顷，直接经济损失达205.5亿元。② 绿色建筑在建造和运行阶段应用各种节水技术，对改善水资源短缺现状起到重要的作用，缓解由此产生的经济损失；也可以减少城镇污水排放，从而降低污水处理费用和水体污染治理投

---

① Li M., et al., "Runoff Management Performances of Permeable Pavements: a Review", *Environmental Science & Technology*, 2018, 41 (12): 105-112, 130; 许浩浩、吕伟娅：《透水铺装系统控制城市雨水径流研究进展》，《人民珠江》2018年第10期；Park D. G., et al., "A Case Study: Evaluation of Water Storage Capacity in Permeable Block Pavement", *KSCE Journal of Civil Engineering*, 2014, 18 (2): 514-520.

② 国家防灾减灾委员会办公室、应急管理部：《2023年全国自然灾害基本情况》，https://www.mem.gov.cn/xw/yjglbgzdt/202401/t20240120_475697.shtml。

入。因此，节水技术所带来的环境效益可根据成本效益法、影子工程法进行评估，即：

$$E_W=(W_{BS}+W_{IS})(P_1+P_2+P_3)+P_1(W_R+W_P+W_G) \quad (3-19)$$

其中，E_W 表示节水的环境效益价值（元）；P_1 表示水资源短缺的单位经济损失（元/m^3）；P_2 表示水污染治理成本（元/m^3）；P_3 表示污水处理费用（元/m^3）。

四 非能源矿产资源节约及环境效益价值评估

（一）非能源矿产资源节约量计算

绿色建筑的节材技术是节约非能源矿产资源的重要手段。节材设计是建筑材料节约的重要基础，节材量的计算一般依靠结构专业设计人员根据项目详细的资料进行有针对性的分析。除此之外，建筑建设过程中材料的选用对于材料用量的影响非常大。

高强度钢筋的使用可以节约建筑的钢筋用量，可通过式（3-20）计算得出，[①] 而生产1吨钢材需要消耗1600千克铁矿石和234千克石灰石，[②] 由此可以计算出所节约的非能源矿产资源。

$$Q_{Ss}=\left(1-\frac{f_{y335}}{f_{y400}}\right)Q_S \quad (3-20)$$

其中，Q_{Ss} 表示钢筋节约量（t）；f_{y335} 表示335钢筋抗拉强度设计值；f_{y400} 表示400钢筋抗拉强度设计值；Q_S 表示建筑钢筋总用量（t），可根据建筑面积进行估算，一般为每平方米50千克。

商品混凝土的使用比现场搅拌的方式节约水泥用量，每立方米预拌混凝土的使用可以减少水泥用量约32.17千克。[②]生产1吨水泥需要消耗1300千克石灰石和31千克生铁粉，[③] 由此可以计算出商品混凝土的应用所节约的非能源矿产资源。提高结构混凝土强度也可以节约混凝土用量，根据节约比例，可采用同样的方式计算矿产

① 张鹏：《绿色施工节材措施在工程中的应用》，《低碳世界》2018年第1期。

② 李纪伟、王立雄：《基于资源与环境综合效益的绿色建筑技术评价》，中国建筑工业出版社2019年版。

③ 陈良玉、朱金才：《节能减排 发展散装水泥 绿色低碳 禁止现场搅拌——淮安市散装水泥与商品混凝土行业发展纪实》，《散装水泥》2011年第4期。

资源的节约量。

可再循环材料在绿色建筑中的应用较为广泛，主要通过回收利用玻璃、钢筋、铝合金等材料降低建材再生产对于矿产资源的消耗。节材量可根据建筑项目的工程量清单进行统计计算，再根据各种材料生产中的原材料比重对节约的矿产资源量进行计算。根据调研资料，生产单位重量箱（50 千克）玻璃需要消耗玻璃硅质 38.08 千克、纯碱 11.92 千克和石灰类原料 12.65 千克。铝合金中铝的含量一般为 85%—90%，而生产 1 吨铝需要消耗 4640 千克铝原矿和 280 千克石灰石。[①]

（二）节约非能源矿产资源的环境效益价值评估

节约矿产资源的环境效益体现在两个方面。

第一，由于矿产资源本身具有稀缺性和有用性，在未被开采之前就具备一定的自然价值。[②] 张士运等通过在不同的矿产资源生产企业收入中扣除生产费用支出及平均利润，得到与矿产资源的自然禀赋和地理位置优劣等级有关的超额利润，即矿产资源级差收益，在此基础上再减去运输费用，从而准确反映矿产资源的自然价值。[③] 具体计算方式为：

$$\text{矿产资源自然价值}=\text{销售利润}-[\text{资产总额}\times(1-\text{资产负债率})\times\text{资本收益率}] \tag{3-21}$$

第二，矿产资源在被开采使用过程中会对周边环境产生一定的影响，包括对土壤、空气、水质等造成的污染，也可能会引发一系列的自然灾害，例如山体滑坡等，节约矿产资源则会降低环境影响的风险，减少治理相关环境问题的支出。这部分价值可以通过国家规定的开采污染补偿费用进行计算。

以上方法可较为准确地计算矿产资源自然环境价值，但在基础数

① 李纪伟、王立雄：《基于资源与环境综合效益的绿色建筑技术评价》，中国建筑工业出版社 2019 年版。

② 安歌军：《煤炭资源价值及其延伸研究》，博士学位论文，西北大学，2012 年。

③ 张士运、刘好：《矿产资源开采前价值评估模型分析》，《煤炭经济研究》2009 年第 9 期。

据获取难度较大时，也可以运用直接市场评估法进行计算，通过矿产资源的市场交易价格估算其环境价值。

五　大气污染减少及环境价值评估

大气环境问题主要面临两大挑战：源于二氧化碳等温室气体排放的温室效应，氮氧化物、硫氧化物和粉尘所带来的大气污染问题。中国四大重点行业为电力、钢铁、水泥和煤化工产业，碳排放总量占全国的70%以上，其中，电力、钢铁和水泥与建筑密切相关，使建筑成为碳减排的重点部门。因此，降低建筑全生命周期的碳排放对于提升中国绿色低碳发展水平非常关键。

（一）大气污染减少量计算

绿色建筑中大部分技术都与碳排放有着直接或间接的关系。节能技术在降低能源消耗的同时，也间接减少了能源生产过程中二氧化碳的排放量。节材、节水技术也通过同样的方式降低了建筑材料生产和水处理过程的二氧化碳排放量。根据《建筑碳排放计算标准》（2019），这些技术的碳减排量可通过生产过程的碳排放因子进行计算，即：

$$Q_{CR} = \sum Q_{iE} f_{iEC} \tag{3-22}$$

其中，Q_{CR} 表示碳减排量；Q_{iE} 表示 i 种能源或资源减耗量；f_{iEC} 表示 i 种能源或资源生产的碳排放因子。

节地技术中包含与绿色交通相关的措施，交通系统属于移动式的碳源，在碳排放量的计算方面，主要采用的方法是能耗指标法和车公里系数法。[①] 也有部分学者通过微观调研的方式将出行行为与交通碳减排量相关联，从而进行自下而上的计算，为城市可持续发展的空间规划策略和政策制定提供决策依据。[②] 基于对低碳出行的考虑，绿色建筑从空间规划的微观角度促进人们选择绿色交通出行方式，在碳减排量的计算过程中，对于单个项目可以进行区域内调研，从而通过数

---

① 马静、柴彦威、刘志林：《基于居民出行行为的北京市交通碳排放影响机理》，《地理学报》2011 年第 8 期。

② 崔毅、潘海啸：《基于活动的微观交通仿真研究与交通排放计算》，《城市建筑》2019 年第 16 期。

据分析的方式计算碳减排量。对于区域类项目分析而言，一方面，可以通过典型绿色项目的数据调研计算各类型建筑在交通方面的碳减排系数，再通过加权计算的方式获得区域交通碳减排量；另一方面，可以通过区域内交通宏观数据的分析计算碳减排量，再结合微观计算结果进行对比分析，从而确定合理的碳减排量。公共服务的合理规划和设计也是通过绿色交通出行方式实现碳减排，量化计算方法可以参考前述内容。

绿化植物对于大气的作用是多方面的，包括固碳、释氧、降尘、去除污染物质等，在具体量化的过程中，难点在于每种植物缓解大气污染的能力各不相同，准确的计算需要依赖项目绿化工程的具体信息以及对每种植物生物学上数据的全面把握。具体包括绿化植物品种和面积数据、各品种植物的单位面积固碳量、滞尘量、释氧量和污染物质去除量等（以年统计数据最佳），依此对绿色建筑全生命周期中绿化所带来的大气污染物质减少量进行准确计算。在详细数据难以获得的情况下，可取平均数据进行计算，根据文献调研情况，可参考的数据包括：绿化滞尘量为 10.9t/hm^{2}①、固碳量为 215.973t/hm^2 · a② 和释氧量为 129.973/hm^2 · a。③

（二）大气污染减少的环境效益价值评估

绿色建筑各种技术的碳减排效益和绿化植物的固碳效益可通过碳税法进行价值评估，释氧、滞尘和去除污染物效益可以通过影子工程法进行价值评估，计算方式为：

$$E_G = \sum (Q_{iC}P_{CT} + Q_{iO}C_O + Q_{iD}C_D + Q_{iP}C_P) \tag{3-23}$$

其中，E_G 表示大气污染减少的环境效益价值；Q_{iC} 表示 i 种技术碳减排量或植物的固碳量（t）；P_{CT} 表示碳税价格（150 美元/

① 张万钧：《建“绿色银行” 创三个效益》，《中国园林》1999 年第 2 期。

② 崔毅、潘海啸：《基于活动的微观交通仿真研究与交通排放计算》，《城市建筑》2019 年第 16 期。

③ 石铁矛等：《城市绿地释氧能力研究》，《沈阳建筑大学学报》（自然科学版）2013 年第 2 期。

tCO_2)，[①] 根据每年汇率进行换算；Q_{iO} 表示 i 种植物释氧量（t）；C_O 表示人工制氧成本（1000 元/t）；[②] Q_{iD} 表示 i 种植物滞尘量（kg）；C_D 表示人工降尘成本（80.69 元/kg · a）；[③] Q_{iP} 表示 i 种植物吸收的大气污染物量（t）；C_P 表示大气污染物治理成本（元/t）。

六　固体废弃物减排及环境效益价值评估

（一）固体废弃物减排量计算

在绿色建筑的技术体系中，通过节材措施可减少建筑全生命周期建材垃圾的排放，例如，通过可再循环材料的回收利用、利废材料的利用减少建筑垃圾的排放，利用高耐久性材料降低建筑维护阶段的材料更换，通过土建装修一体化设计避免因大拆大建的装修方式带来的材料浪费等。这些技术减少的固废量可通过统计调研的方式获得，难以通过计算获得准确的量化数据。

通过建设期和运营期的垃圾分类管理实现资源再利用的循环发展模式，可减少建材垃圾和生活垃圾的排放。减排量与管理水平、分类程度等因素密切相关，可针对具体项目进行调研统计，宏观层次的分析可通过调研城市或全国的垃圾行业情况获得相关的减排量数据。

（二）固体废弃物减排的环境效益价值评估

固体废弃物是人类社会发展强加给自然的负荷，难以融入生态系统的正常循环，因此带来了很多环境问题。2022 年，中国一般工业固体废弃物产量为 41.1 亿吨，同比增长 3.5%，随着城市人口的聚集和生活水平的不断提高，固体废弃物产量还会持续增加。固体废弃物一直被认为是丰富的资源库，但是中国的固体废弃物利用率仅为世界水平的 1/3—1/2，有必要采取相关措施进一步变废为宝，转变资源浪费的形势。固体废弃物的减少不仅可以减少垃圾对于土地的占用，还可

---

① 国家林业局发布：《森林生态系统服务功能评估规范（LY/T1721-2008）》，中国标准出版社 2008 年版。

② 国家林业局发布：《森林生态系统服务功能评估规范（LY/T1721-2008）》，中国标准出版社 2008 年版。

③ 上海市绿化和市容管理局：《屋顶绿化技术规范》，http：//www.doc88.com/p-3387746246428.html。

以降低对地下水的污染风险以及垃圾处理的大气污染排放量，可分别利用机会成本法、防护支出法对这部分的效益进行价值评估。

第三节　绿色建筑社会效益价值评估

建筑作为承载人们生活及经济活动的重要场所，是社会发展的必备要素。绿色建筑的重要性不仅在于协调人工环境与自然环境之间的矛盾关系，还在于为人们提供高效、舒适的使用空间。虽然广义上对社会效益的评价涵盖政治、国防、就业、福利以及自然环境等各个方面的评价，但是人作为社会的主体，一直是社会效益评价的中心对象。根据本书第一章对于社会效益的定义，结合第二章的效益分析，在绿色建筑社会效益的评估过程中重点分析绿色建筑影响人们可任意分配收入以及休闲时间的技术途径，利用环境经济学价值评估方法对此进行量化。

一　可任意分配收入提高水平

可任意分配收入是指一个人、住户或家庭用于购买必需品以外的可支配收入。绿色建筑中节地、节能、节水技术的应用可以降低建筑使用者在水、电、交通和住房成本方面的必要支出，室内外环境质量保障技术的应用为使用者提供了健康、舒适的生活环境，降低了疾病风险，减少了医疗支出成本，从而提高了可任意分配收入水平，即：

$$S_a = S_L + S_E + S_W + S_T + S_H + S_G \tag{3-24}$$

其中，S_a 表示增加的可任意分配收入（元）；S_L 表示减少的住房成本（元）；S_E 表示节约的电费（元）；S_W 表示节约的水费（元）；S_T 表示节约的交通费（元）；S_H 表示减少的疾病治疗费（元）；S_G 表示节约的燃气费（元）。

（一）住房成本节约效益评估

绿色建筑通过提高居住建筑人均用地指标实现土地的集约利用，这对于居民的住房成本也有一定的影响。根据房价信息，一般高密度住宅的租售价格比低密度住宅的价格要低，对于解决住房基本需求的群体，可以减少在住房方面的消费成本。具体的量化方式可根据不同项目、区域、城市等房价市场的对比调研数据获得。

（二）水、电、燃气费节约效益价值评估

在计算建筑的节电、节水量的基础上，采用直接市场评估法，根据节约量以及对应的市场价格得出效益价值，即：

$$S_E = Q_E P_E \tag{3-25}$$

其中，Q_E 表示建筑节电量（kW·h）；P_E 表示电力市场价格（元/kW·h）。

$$S_W = Q_W P_W \tag{3-26}$$

其中，Q_W 表示建筑节水量，（m^3）；P_W 表示自来水市场价格（元/m^3）。

$$S_G = Q_G P_G \tag{3-27}$$

其中，Q_G 表示建筑燃气节约量（m^3）；P_G 表示燃气市场价格（元/m^3）。

（三）交通费节约效益价值评估

绿色建筑通过合理的公共交通规划、公共服务设施规划以及自行车停车设施等方式，为居住者的绿色出行方式带来了便利，而绿色出行方式比私家车出行成本低很多，从而减少必要的生活成本，增加绿色建筑使用者的可任意分配支出水平。交通节约成本可通过调研对比绿色建筑区域和非绿色建筑区域的绿色出行比例，结合不同交通方式的出行成本计算得出。

（四）健康效益价值评估

人的一生70%的时间在建筑中度过，无论是建筑的内环境还是外环境，对人们的健康都有很大的影响。绿色建筑十分重视室内外环境质量，一定程度上可以降低使用者的疾病风险，从而减少使用者在健康保障方面的支出。这类效益可以通过疾病成本法进行量化分析，首先，确定非绿色建筑和绿色建筑中疾病发生率的差值；其次，评价处于疾病风险之中的人口规模；最后，估算由疾病带来的收入损失和医疗费用，可表示为：

$$S_H = \sum \Delta a_i N(C_{iD} + C_{iS})$$ ① (3-28)

其中，S_H 表示健康技术的社会效益价值；Δa_i 表示非健康技术与健康技术相关的 i 种疾病发生率的差值；N 表示暴露在疾病风险环境中的人口规模；C_{iD} 表示 i 种疾病的医疗费用；C_{iS} 表示因 i 种疾病不能工作所带来的平均工资损失。

二　增加居民休闲时间

绿色建筑通过区域内交通、服务设施的合理规划可以缩短人们通勤、办事等方面所消耗的时间，从而增加休闲时间，提高居民的幸福感，产生社会效益。这部分效益的价值评估可以采用机会成本法，通过调查统计的方式计算节约的时间（T_s），且在区域内居住者平均工资（S_a）的基础上进一步推算每小时创造的经济价值，两者结合即绿色建筑休闲时间增加所带来的社会效益价值，如式（3-29）所示。其中，N_p 为测算范围内的建筑使用人数。

$$S_t = N_p T_s S_a \tag{3-29}$$

第四节　绿色建筑经济效益价值评估

绿色建筑所产生的经济效益分为直接经济效益和间接经济效益两大类。直接经济效益是指绿色建筑技术的应用所带来的直接收益，受益主体包括开发商和物业单位。间接经济效益是指绿色建筑的实施所带来的外部性经济影响，受益主体包括政府和绿色技术企业。本节以这四大经济元为对象，对绿色建筑的经济效益进行价值评估。

一　开发商经济效益价值评估

在绿色建筑的开发建设中，采用的新技术、新设计理念会增加开发商的投资成本，但是很多技术的应用也会带来直接的经济效益，具体包括八个方面。

---

① 陈志凡、耿文才编著：《环境经济学：价值评估与政策设计》，河南大学出版社2014年版。

第一，开发地下空间可以用作停车场所或者地下商铺，在目前车位紧缺的情况下，停车位出租或出售的收益非常可观。如果用作地下商铺，也可以为开发商带来不小的收益。这部分价值可通过调研租售面积以及价格的方式进行评估。

第二，使用商品混凝土一方面可以降低施工过程的人工费、机械费，综合成本比现场搅拌的方式低约 55.5 元/平方米；[①] 另一方面，可以降低现场搅拌过程中的扬尘污染，从而减少施工降尘费用。

第三，高强度钢筋的使用可以减少钢筋的使用量，直接降低土建成本，可利用钢筋市场价格进行效益价值评估。

第四，施工管理过程中的节水、节能、节材措施间接地降低了开发商在施工建设阶段的投资成本，在具备各项节约量数据的情况下，可采用市场价格法进行经济效益评估。在难以获得详细数据的情况下，可通过调研对比绿色施工与非绿色施工之间的成本差异进行评估。

第五，可循环材料的应用会降低建筑拆除过程中废弃物的处理费用，可以以建筑废弃物处理的成本价格为基础对效益进行评估。

第六，提高容积率和控制人均用地指标，增加建筑开发面积，为开发商带来更多的出售面积，从而增加收益。

第七，绿色建筑在节能方面的被动设计方式可以减少建筑对主动能源系统的需求，降低开发商在暖通设备方面的投资成本。

第八，绿色建筑租售价格相对较高，增加了开发商的收益。Yuh 利用回归分析法识别了绿色建筑认证对房地产市场中建筑价值的影响，研究结果指出，获得认证的公寓价格会增加约 23%。[②] Son 等利用房屋价值指标对绿色认证的建筑进行了经济分析，结果指出，绿色建筑的资产价值比一般建筑高。[③] Kim 等指出，LEED 认证的教育建筑

---

① 杭美艳等：《商品混凝土与现场搅拌混凝土经济性比较》，《包头钢铁学院学报》2002 年第 4 期。

② Yuh O. K., "Analysis of the Impact of G-SEED on Real Estate Price Focused on Apartment House", *Journal of Korea Institute of Building Construction*, 2014, 48: 79-92.

③ Son K. Y., et al., "Economic analysis of Korea Green Building Certification System in the Capital Area Using House-values Index", *Journal of Asian Architecture and Building Engineering*, 2014, 13: 475-481.

的经济价值比非认证建筑高，维修成本也降低了 25.6%。[①]

二 物业单位经济效益价值评估

前文分析了绿色建筑的实施给物业单位带来的经济效益，主要包括运营成本的降低和垃圾分类出售所获得的经济回报。目前关于绿色建筑物业单位运营成本的研究较少，难以进行经验性计算，但可通过具体项目的调研数据进行有针对性的量化评估。垃圾分类的收益来源于分类后的垃圾出售以及减少的垃圾处理费用，垃圾分类程度、物业单位管理水平等因素对收益的影响较大，目前的绿色建筑评价标准也未对这些因素提出量化的指标要求，难以通过计算获得，但可根据项目或区域性的调研数据进行统计分析，获得准确性较高的效益评估结果。

三 政府经济效益价值评估

环境资源的公共属性使其产权问题一直很难明确，成为环境治理的最大障碍。但环境问题日益严重且亟待解决，政府作为社会的公共权力机构，必须成为环境保护的主体，统筹环境治理的各项工作，同时也增加了政府的财政支出。2007—2022 年，中国财政性节能环保支出从 995.82 亿元增加到 5412.8 亿元。[②] 绿色建筑的实施缓解了环境污染问题，也间接降低了政府的环保支出，而且节水、节能措施也减少了建设市政公共配套的财政压力。与这部分经济效益相关的技术主要包括三个方面。

第一，大气污染治理是污染防治工作的重要部分，绿色建筑的技术体系中也包括很多降低大气污染的措施，比如节能技术、复层绿化、节材技术等。这部分价值的评估以每项技术的大气污染减排量为基础，再结合各类大气污染物的具体治理支出情况进行计算。

第二，噪声环境水平是评价生活环境质量的重要指标之一，随着交通压力的不断上升，高架桥、快速路在城市中随处可见，给邻近的

---

① Kim J. M., Son K. Y., Son S. H., "Green Benefits on Educational Buildings According to the LEED Certification", *International Journal of Strategic Property Management*, 2020, 24 (2): 83-89.

② 国家统计局编:《中国统计年鉴（2023）》，中国统计出版社 2023 年版。

建筑带来了很大的噪声问题。绿色建筑在选址和设计过程中对噪声环境的评估是重要的环节之一，不仅保证了建筑的使用质量，也可以为政府减少噪声治理方面的支出。

第三，节水技术可以减轻公共给排水管道系统的建设压力，还可以降低国家因水资源短缺而支付的工程建设费用以及水污染问题的治理费用。根据绿色建筑节水技术体系，可通过式（3-30）进行量化评估，即：

$$E_{WG}=W_{BS}(P_4+P_5+P_6+P_7)+(W_R+W_{IS})(P_4+P_5+P_6)+(W_G+W_P)(P_4+P_6) \tag{3-30}$$

其中，E_{WG} 表示节水技术为政府带来的经济效益；W_{BS} 表示节水器具节水量（m^3），可参考式（3-14）；W_R 表示雨水回收系统收集水量（m^3），可参考式（3-16）；W_{IS} 表示节水灌溉节水量（m^3），可参考式（3-15）；W_G 表示绿地减少的径流水量（m^3），可参考式（3-18）；W_P 表示透水铺装减少的径流水量（m^3），可参考式（3-17）；P_4 表示国家缺水财政费用（5.84 元/m^3）；① P_5 表示市政供水费用（0.08 元/m^3）；P_6 表示市政排水费用（0.08 元/m^3）；P_7 表示污水厂处理费用（3 元/m^3）。

四　绿色技术企业经济效益价值评估

绿色建筑各类技术的应用对于建筑相关的上下游产业也有较大的影响，不仅带动了一大批新兴产业的发展，同时对于上游产业的绿色改革也起到了一定的促进作用。新兴产业中发展较快的包括绿色建筑技术咨询服务、光伏发电系统、雨水回收系统、太阳能光热系统等行业。上游产业中影响较大的是建筑材料生产企业，因为绿色建筑的新技术对传统建筑材料的性能提出了很多高标准要求，比如高性能混凝土、高强度钢筋、预拌混凝土、预拌砂浆、利废建材、绿色建材等。产业带动的经济效益评估需要以各行业发展数据为基础，行业涉及面较广，调研工作量也比较大，更多是从宏观上评估绿色建筑对于各行

---

① 张子博、刘玉明：《公共建筑节水项目外部性研究——以北京某高校为例》，《水资源与水工程学报》2018 年第 3 期。

业发展的促进作用。

第五节　绿色建筑综合效益价值评估模型构建

绿色建筑综合效益包括环境、社会和经济效益，是评估绿色建筑可持续性性能的综合性指标。前文对绿色建筑各类效益的价值评估方法进行了深入剖析和总结，是构建综合效益价值评估模型的重要基础。模型构建的目的是为绿色建筑项目、区域及全国性的效益评估提供更清晰、便捷的工具，以进行技术和项目的微观评价、区域和全国发展现状的宏观分析等。

一　模型构建思路

绿色建筑综合效益价值评估模型的构建以综合效益评估体系为指导，以技术量化方法和价值评估方法为支撑，在各个计算参数合理选择的基础上，实现最终的评估目标。整体的思路是先实现以技术性能评估为主的三级指标量化，然后针对效益进行二级指标的量化，汇总得出一级指标量化的结果，最后得出综合效益评估值（见图 3-1）。

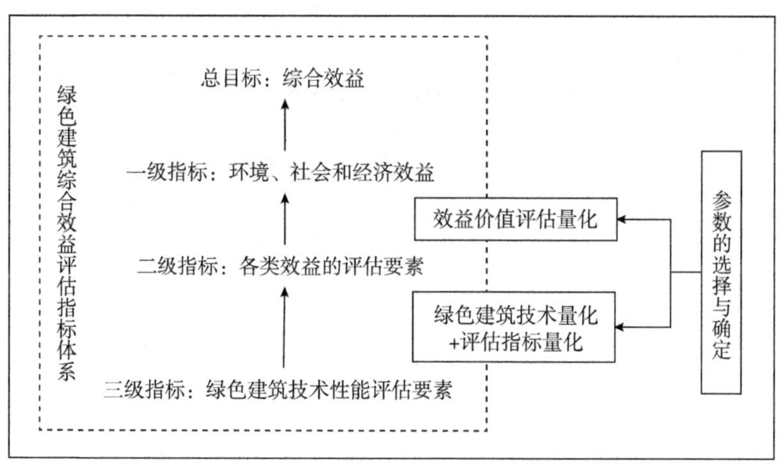

图 3-1　绿色建筑综合效益价值评估模型构建思路

二 模型边界

绿色建筑综合效益价值评估模型是以绿色建筑为评估对象，评价内容为应用于绿色建筑的各项技术，评价时间边界为绿色建筑从建设、运营到拆除的全生命周期。

在绿色建筑的技术体系中，有些技术的应用带来的效益是即时效益，例如，节材技术的综合效益是在建筑的建设阶段产生的，其中，开发商成本节约效益仅发生在采购阶段，二氧化碳减排效益仅发生在材料生产阶段。而有些技术的应用可以在建筑的运营阶段持续产生效益，例如建筑节能、节水技术等，通过降低建筑使用过程中的能源消耗量和水资源利用量，在建筑整个运营阶段都会持续产生效益。本书中绿色建筑综合效益评估体系中的三级指标涉及建筑全生命周期的各个阶段（见图 3-2），不同类型的技术在建筑不同的生命阶段产生不同的效益。

图 3-2 绿色建筑全生命周期各阶段综合效益

对于运行阶段的效益，在评估过程中需要考虑时间要素，从而计算建筑使用周期内的全部效益。本书利用现金流贴现法对这部分效益进行计算，可得：

$$V = \sum_{t=1}^{n} \frac{CF_t}{(1+r)^t} \tag{3-31}$$

其中，V 表示技术的全生命周期效益评估值；n 表示建筑使用周期，本书按设计年限 50 年计；CF_t 表示 t 时刻产生的效益评估值；r 表示反映预期效益评估值的折现率，可参考 2021 年中国人民银行公布的贷款市场报价利率，5 年期以上为 4.65%。

三 模型结构

在绿色建筑各项技术效益分析的基础上，结合不同效益的价值评估方法，借助 Excel 工具构建绿色建筑综合效益价值评估计算模型。

模型中共包括技术量化计算公式 17 个，用以计算绿色建筑技术应用后的节能量、节水量、节材量、土地节约面积等；价值评估量化公式总计 13 个，以技术量化结果为基础，计算技术效益的货币化价值。以经济学理论为基础，总结提出时间边界函数，对绿色建筑中产生长期效益的技术进行计算，实现全生命周期的效益评估。

绿色建筑综合效益价值评估模型的计算框架包括五层结构（见图 3-3）。第一，以技术应用效果的量化评估结果为基础，利用价值评估的量化公式对绿色建筑每项技术全生命周期各个阶段所产生的环境、社会和经济效益分别进行计算，并将时间函数应用于建筑运行阶段持续产生效益的技术效益评估；第二，根据绿色建筑综合效益评估体系中的三级评价指标进行分类统计；第三，汇总得出二级评价指标的货币化结果；第四，加总得出评估对象的环境效益、社会效益和经济效益；第五，加总得到综合效益的价值评估结果。

四 输入与输出

在价值评估模型的构建过程中，基础数据来自绿色建筑各项技术性能的评估，评估方法是利用本书提出的技术量化公式，对绿色建筑所应用的技术进行量化评估，输出结果作为效益量化的输入。

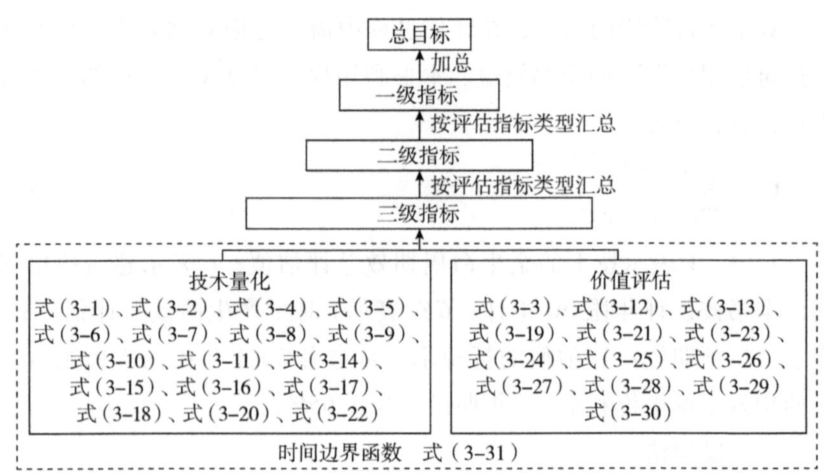

图 3–3　绿色建筑综合效益价值评估模型框架

在技术量化的公式中，各项参数的取值与绿色建筑项目信息的关系较大，准确的计算需要以详细的技术应用情况为基础，在前文相关公式的描述中，对各项参数的含义及取值方法进行了详细的介绍。在应用过程中，针对单体项目可直接取用项目数据，对于区域性评价，可在总体分析的基础上获得平均数值进行评价，在数据可得的情况下，也可先进行单体分析计算，后通过加总的方式进行区域性评价。

在价值评估的公式中，所需的输入参数包括技术量化的输出结果以及与环境、社会和经济等宏观系统相关的各类参数，例如气候数据、经济价格参数、汇率以及必要的调研数据等，这些输入数据的来源决定了评估结果的可靠程度，根据不同层次的要求，应选择合理的输入参数取值，以保证评估结果的有效性。本书以 Excel 为计算工具，对模型的输出界面按综合效益评估指标进行分类设计（见表 3－1），由此可以判断评价对象不同方面性能的优劣。

表 3-1　　绿色建筑综合效益价值评估计算模型输出界面示例

总目标	价值（万元）	比重（%）	一级指标	价值（万元）	比重（%）	二级指标	价值（万元）	比重（%）
综合效益	10256.33	100	环境效益	8406.51	81.96	土地节约及污染减少	1697.26	16.55
						能源节约	940.71	9.17
						水资源节约及污染减少	1174.94	11.46
						非能源矿产资源节约	580.51	5.66
						大气污染减少	3941.82	38.43
						固体废弃物减量	71.27	0.69
			社会效益	1434.65	13.99	可任意分配收入增加	1434.65	13.99
						休闲时间增加	—	—
			经济效益	415.17	4.05	开发商经济成本降低	168.48	1.64
						物业运行成本降低	—	—
						政府财政支出减少	246.69	2.41
						产业产值带动	—	—

注：因四舍五入处理，百分比相加可能不等于100%。

第六节　小结

本章以绿色建筑综合效益评估体系为指导，利用环境经济学价值评估理论，在绿色建筑技术量化的基础上，提出各类效益评估指标的价值量化方法，构建绿色建筑综合效益价值评估量化模型。模型中共包含31个计算公式，在参考已有研究、实践经验和理论应用公式的基础上，兼顾数据可得性，针对不同的技术和效益量化提出不同的计算方法并进行系统性的整合，从而实现绿色建筑全生命周期的综合效益价值评估。

第四章　碳中和目标下绿色建筑减碳效益分析

绿色建筑是建筑领域进行低碳改革的重要措施，在绿色建筑的综合效益分析中发现，很多技术可以直接或间接地产生减碳效益，不仅可以降低建筑本身的碳排放，也能促进建筑相关产业的低碳转型。为了充分识别绿色建筑的减碳效益和系统性地评价绿色建筑的低碳性能，非常有必要对综合效益中减碳效益进行针对性分析。

第一节　碳中和目标下绿色建筑的发展趋势

一　碳中和背景

气候变化是当今世界面临的最大挑战之一。随着气候变化影响的日益凸显，为了实现《巴黎协定》的温升控制目标，各国（地区）都相继确立了实现碳中和目标的时间点（见图 4-1）。中国是全球最大的温室气体排放国，2020 年全口径温室气体排放量为 129 亿 tCO_2e,[①] 在应对气候变化的全球行动中起着非常重要的作用。2020 年 9 月 22 日，习近平主席在第七十五届联合国大会一般性辩论上郑重宣布中国的“双碳”目标，并在之后举办的多次国际会议上强调中国的决心。2021 年，《政府工作报告》明确指出：“扎实做好碳达峰、碳中和各项工作。制定 2030 年前碳排放达峰行动方案”。在 3 月

---

① 世界银行：Total Greenhouse Gas Emissions，https：//data. worldbank. org. cn/indicator/EN. ATM. GHGT. KT. CE?view＝map。

15 日召开的中央财经委员会第九次会议上，习近平总书记再次强调："实现碳达峰、碳中和是一场广泛而深刻的经济社会系统性变革，要把碳达峰、碳中和纳入生态文明建设整体布局，拿出抓铁有痕的劲头，如期实现二〇三〇年前碳达峰、二〇六〇年前碳中和的目标。"①

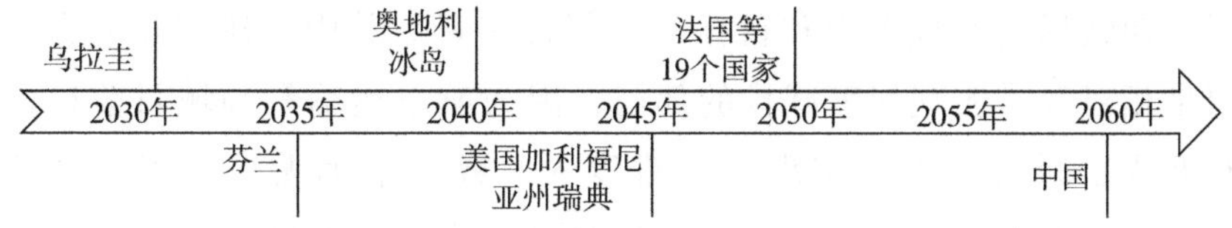

图 4-1　世界各国实现碳中和目标时间轴

注：法国等 19 个国家分别为法国、德国、匈牙利、爱尔兰、马绍尔群岛、新西兰、葡萄牙、加拿大、智利、哥斯达黎加、丹麦、欧盟、斐济、斯洛伐克、南非、韩国、西班牙、瑞士、英国。

在国家政策强劲有力的推动下，碳中和目标所带来的不仅是环境系统绿色生态的可持续发展，而且会引起社会和经济系统更深入和广泛的低碳革命。从各行各业的发展方式到生活生产的理念，都会围绕碳中和进行由浅及深的改变，从低碳发展到零碳，甚至是负碳，从而同时实现生态系统的良性循环、社会系统的正常运行以及经济系统的可持续发展。在这个过程中，碳作为目标实现的唯一衡量指标，也应作为各项措施、各类技术以及应用成效等方面的重要评估指标，以碳为核心实现环境、社会和经济性评估的统一，是碳中和实施路径的重要理论基础。

二　碳中和目标对绿色建筑发展的影响

中国是世界第二大经济体，还处于发展中阶段，实现碳中和目标需要寻求适用于本国国情的方案和路径。2021 年，中国人均二氧化碳

① 习近平：《论坚持人与自然和谐共生》，中央文献出版社 2022 年版，第 254-255 页。

排放量为7.5吨，约为美国的一半。[①] 随着经济水平的不断提升，人们的生活水平和需求也会提高，若不将减排行动与经济发展同步推进，当经济发展到发达国家水平时，碳排放量会更加难以控制，对环境所带来的负面影响会难以想象。碳中和目标的提出充分体现了中国兑现《巴黎协定》承诺的决心，建筑、工业、交通、电力等关键性经济部门也都在积极制定行动方案，在机遇和挑战并存的背景下，探索尽快实现碳中和目标的可行性路径。其中，建筑和电力部门是相对容易实现深度减排的部门，因为航空运输等领域目前还没有低成本减排方案，实现脱碳难度大，或者永远无法实现完全脱碳。[②] 而建筑领域碳排放量大，在中国占总碳排放量的三分之一左右，在实现碳中和路径上的作用非常重要，而且建筑绿色减排技术体系相对成熟，低碳发展路径较为清晰，可以通过政策引导和市场机制的完善促进其快速优先转型。根据预测，在1.5℃情境中，中国建筑部门二氧化碳排放量到2050年需要比2015年减少50%—95%，[①]减排任务依然艰巨，必须从建筑的全生命周期考虑，通过多途径减排措施并进的方式，尽快实现碳达峰，确保如期实现碳中和目标。

近几年，中国一直在持续提高绿色建筑的发展目标，并不断制定更适宜的绿色建筑发展政策，从最开始的激励引导逐步发展到市场驱动和强制实施。2022年3月，住房和城乡建设部印发的《“十四五”建筑节能与绿色建筑发展规划》指出：“到2025年，城镇新建建筑全面建成绿色建筑。”但面对巨大的建筑存量和城市发展的不断扩张，建筑的绿色发展需要结合碳中和目标进行更深刻的转变。如果维持现有政策标准与技术体系不变，建筑领域的碳达峰时间在2038年左右，平台期将集中在2038—2040年，碳排放峰值约达到25.4亿吨，与全

---

① IEA, “Energy Statistics Data Browser”, https://www.iea.org/data-and-statistics/data-tools/energy-statistics-data-browser?country=WORLD&fuel=CO2%20emissions&indicator=CO2PerCap.

② 能源基金会：《中国现代化的新征程：“十四五”到碳中和的新增长故事》，https://www.efchina.org/14FYP-zh/Reports-zh/report-lceg-20201210-zh。

国碳排放总量达峰时间相比较为滞后，会为碳中和目标的实现增加压力。[①] 所以，绿色建筑在今后的发展中，一方面，需要以减碳量和固碳量为衡量指标，进一步提升技术体系；另一方面，需要通过发展机制的完善进行大范围的推广和实践，并在过程中探索确保措施落地的高效管理和评价方式，保证绿色建筑发展对实现碳中和目标的有效贡献。

三 碳中和路径中绿色建筑的作用

绿色建筑作为建筑领域广泛实践和发展的新型建筑，所采用的技术体系涉及建筑全生命周期各个阶段的绿色水平和减碳成效。在碳中和目标的驱动下，大力发展绿色建筑具有非常重要的助力作用。尤其在中国，现有城镇总建筑存量约为650亿平方米，建筑规模位居世界第一，仅运营阶段的碳排放量就达到21亿吨，占中国碳排放总量的20%。[②]而绿色建筑中的各项技术不仅可以在降低建筑用能用水需求、利用可再生能源、增加绿化面积等方面减少建筑在运营过程中的能耗，通过综合规划、因地制宜地采用各项技术，有可能实现建筑的零碳运营；还可以带动与建筑相关的上下游产业开展减碳行动，所带来的减碳量非常可观。

中国地域辽阔，各气候区的建筑用能特点具有一定的差异，但从整体上分析，在运营阶段的碳排放来源主要包括供冷供热的能源消耗、供水排水及污水和垃圾处理过程中的间接能源消耗。在中国北方地区，冬季用热需求量大，主要采用集中供暖的方式进行供热，目前热源主要以煤炭为主。若采用绿色理念进行建筑的建设和改造，一方面，可以通过被动式技术大大提升建筑的保温隔热性能，从而降低建筑对于热量的需求，在需求侧降低能源消耗；另一方面，可以采用可再生能源系统进行供热，替代高碳排放的供热方式，在供给侧实现能源结构的清洁化。在南方地区，主要依靠空调解决建筑的冷热需求，

---

① 张金梦：《专家测算，我国建筑领域的碳排放量在未来十年内仍会持续攀升，若维持现有建筑节能政策标准与技术不变，碳达峰时间预计在2038年左右，平台期将集中在2038—2040年——建筑领域减碳亟待提速》，《中国能源报》2021年2月22日第27版。

随着极端气候现象的频发，为了应对夏季过热和冬季过冷的情况，建筑的用电量并没有因为持续推进的建筑节能和绿色发展政策而出现明显的下降趋势。以上海市为例，2018—2022 年，公共建筑的单位面积每年用电量呈平缓波动势态（见图 4-2），上海市在绿色建筑、节能改造、建筑能耗监管等方面的发展处于国内领先水平，任务尚且艰巨，其他城市在实现建筑领域碳达峰碳中和目标的进程中，所面临的挑战更大。绿色建筑作为解决城市发展问题的重要措施，可以为解决建筑碳排放问题提供一系列的技术和方法，通过科学合理的技术应用以及高质高效的落地实施，能够为建筑领域实现碳中和目标开辟可行的零碳之路。

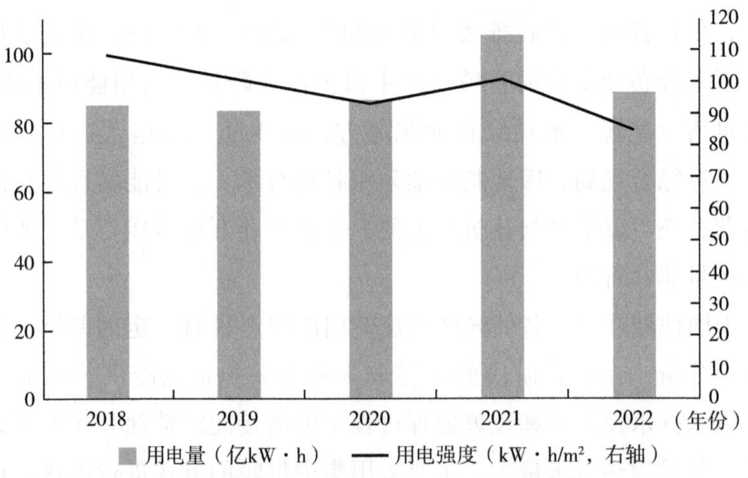

图 4-2 上海市能耗监测平台联网建筑历年用电量数据（2018—2022 年）

资料来源：上海市住房和城乡建设管理委员会、上海市发展和改革委员会：《2022 年上海市国家机关办公建筑和大型公共建筑能耗监测及分析报告》，https：//zjw. sh. gov. cn/cmsres/7e/7ecb07e166fa4f12ae93a2f24eaec2b8/038d0c125c6fabed6fda8f57df3a435f. pdf。

绿色建筑的推广不仅可以解决建筑运行阶段高碳排放的问题，也可以通过其他生命阶段驱动经济系统各类产业的低碳发展。建筑本身是非常复杂的产品，上游产业涵盖设计咨询、建筑材料、建筑设备等产品的生产和运输，中游产业包括建造施工、工程管理等，下游产业涉及运营维护和管理、垃圾回收再利用等。整个产业链涉及范围广，覆盖的产品和行业类型众多，而绿色建筑也是从建筑全生命周期的角度构建相对完善的技术体系，对于建筑上中下游的产业都有一定的影响，会带动全产业链的减碳行动。例如，在绿色建筑中鼓励采用土建装修一体化的建设方式，通过减少装修过程中对建筑原构件的破坏，降低材料浪费以及施工过程的碳排放，促进前端设计行业探索绿色低碳的设计方式，催生土建装修一体化设备的绿色生产行业，节省了装修过程中的能源资源浪费，所带来的不仅是与建筑直接相关的减碳量，还包括其他行业的间接减碳量，在实现全社会碳中和目标的过程中起到举足轻重的作用。

第二节　绿色建筑减碳技术分析

本书第二章对绿色建筑的技术体系进行了全面的梳理，在第三章环境效益的分析中，大气污染减少的评估内容涵盖减碳分析，实现的途径包括碳减排技术和固碳技术两大类，涉及各类绿色建筑技术以及建筑的每个生命阶段，本节将对产生减碳效益的技术进行针对性梳理和分析。

一　碳减排技术分析

控制碳排放量是应对气候变化最主要的措施，相较于固碳，减少碳排放的技术途径比较多，也更容易实现。随着科技水平的不断提升和管理理念的系统化发展，碳减排措施能更高效地实现二氧化碳控制目标。绿色建筑的技术体系综合性较高，能实现碳减排效益的技术也较多，本节从技术类别和建筑阶段两个维度对绿色建筑的碳减排技术进行分析。

（一）绿色交通设计

绿色建筑在生活便利技术体系中考虑了与绿色交通相关的规划和设计措施。《绿色建筑评价标准》（2019）对相关的技术内容提出了详细的要求，通过提高建筑使用者的低碳出行意愿降低交通碳排放，具体包括三个方面（见图 4-3）。

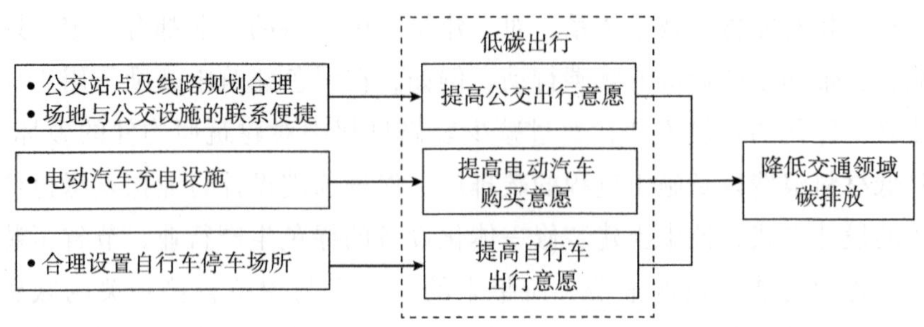

图 4-3 绿色交通技术减排路径

第一，从场地到公共交通站点方便快捷，人行出入口 500 米内应设有公共交通站点或配备到达公共交通站点的专用接驳车；到达公共交通站点或轨道交通站的步行距离越近，评分越高；场地出入口步行距离 800 米范围内设有两条线路的公共交通站点。

第二，停车场应具有电动汽车充电设施或具备充电设施的安装条件。充电基础设施建设是电动汽车普及的重要保障，在建筑设计中提前考虑电动汽车使用的便利性，可提升建筑使用者购买电动车的意愿，从消费端推动电动汽车的快速普及。

第三，自行车停车场所应设置合理、方便出入，为骑行人群提供便利性，提高居住者选择自行车出行的意愿，降低交通碳排放。

（二）公共服务便利

公共服务设施的完善程度是衡量城区建设成熟度的重要指标之一，提高建筑周边公共服务的便捷性，不仅能为居民生活带来诸多便利，还能减少乘车出行的频率，在步行可达的范围内完成日常必要的活动，从而实现低碳的生活方式（见图 4-4）。绿色建筑在住宅建筑的设计中要求场地出入口与学校、文化活动设施、老年人日间照料设施、商业服务相关设施等基本公共设施之间的距离控制在一定范围内；公共建筑的设计要求公共服务功能集中并共享，将建筑的社会服务性作用发挥至最大。

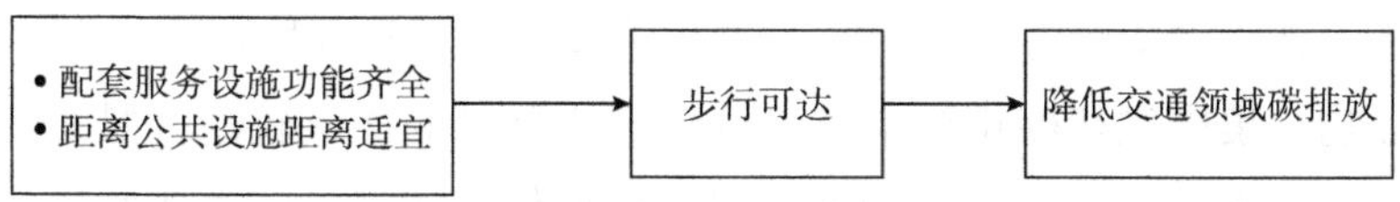

图 4-4　公共服务措施减排路径

（三）降低热岛效应

热岛效应来源于城市发展对微气候产生的负面影响。热岛效应使城市建筑密集区的温度高于周边的开阔区域，导致夏季空调能耗增加。绿色建筑的技术体系设计了可以缓解热岛效应的技术措施，包括场地红线范围内户外活动场地设有乔木、花架等遮阴措施，遮阴面积比例越大，得分越高；超过 70%的道路路面太阳辐射反射系数不小于 0.4，或设有遮阴面积较大的行道树；屋顶设有绿化、太阳能板，或屋顶太阳辐射反射系数不小于 0.4，总面积合计达到 75%。这些措施的综合应用可以缓解热岛效应带来的一系列问题，降低建筑室外热环境对于室内舒适度的影响，减少因暖通系统能耗增加产生的碳排放（见图 4-5）。

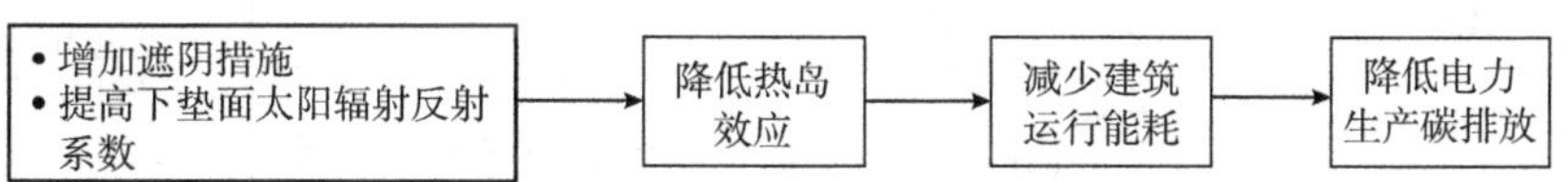

图 4-5　缓解热岛效应的减排路径

（四）节能技术

绿色建筑运行阶段的节能技术从“开源”和“节流”两个方面进行碳减排，“开源”措施是利用低碳能源逐步替代高碳排放的化石能源，在应对气候变化的同时解决不可再生能源枯竭的问题。“节流”措施则通过降低建筑的能源需求量减少碳排放。建筑运行过程中消耗的能源主要用于制冷和供热，电力和热力消耗占比较高。2020 年，在中国建筑运行碳排放中，电力碳排放为 11.5 亿吨，占碳排放总量的

53%；热力碳排放为4.7亿吨，占比为22%。[①] 北方城市受气候条件的影响，集中供热碳排放量占建筑碳排放总量的比重较高，黑龙江省占比高达54%。因此，电力和供热行业的低碳转型是解决建筑运行能耗碳排放的根本性途径。近几年，随着可再生能源技术的进步，中国正在加速能源结构的转型，但在这个过程中，面对巨大的能源需求以及可再生能源技术发展的瓶颈，需求侧的节能技术在绿色低碳发展中起到了非常重要的过渡性作用。绿色建筑通过被动式节能技术、主动式节能技术和新能源应用技术降低建筑运行过程中的能源消耗，被动式节能技术从降低建筑本身能源需求的角度实现节能，主动式节能技术通过建筑用能设备的能效提升降低能源消耗，新能源应用技术从优化能源供给的角度实现低碳供能。

除此之外，绿色建筑还鼓励采用绿色施工的方式进行建造，通过一体化设计施工、使用商品混凝土和砂浆、落实节能方案等措施，减少现场作业的能源消耗，以降低建筑施工阶段因能源消耗产生的碳排放。图4-6总结了绿色建筑节能技术的减排路径。

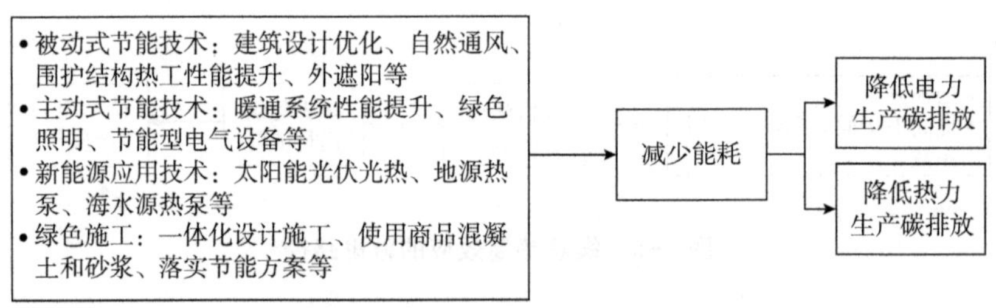

图4-6　节能技术碳减排路径

（五）节水技术

建筑用水一般都来自市政给水系统，虽然绿色建筑的实施带动了雨水以及再生水在建筑中的回收利用，但受实际运行效果不佳以及维护难等条件限制，城市建筑的用水来源仍以自来水为主。建筑节水技

① 中国建筑节能协会、重庆大学城乡建设与发展研究院：《中国建筑能耗与碳排放研究报告（2022年）》，《建筑》2023年第2期。

术的直接效益是缓解水资源紧缺的现状，但同时也可以间接降低自来水生产和污水处理过程中的碳排放（见图 4-7）。

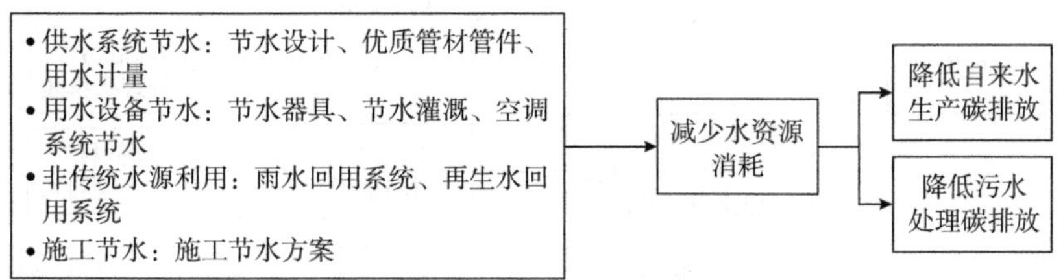

图 4-7　节水技术碳减排路径

（六）节材技术

节材技术与节水技术相似，最直接的效益是减少了自然矿产资源的消耗，间接地降低了建筑材料生产过程中的碳排放，尤其是对于钢材、水泥、玻璃等消耗量较大的材料，通过建筑节材技术的应用，可以降低建筑材料的浪费和消耗，一方面，降低了建材生产过程中的碳排放，另一方面，减少了建筑拆除过程中的固体废弃物排放，从而降低垃圾处理过程的碳排放（见图 4-8）。

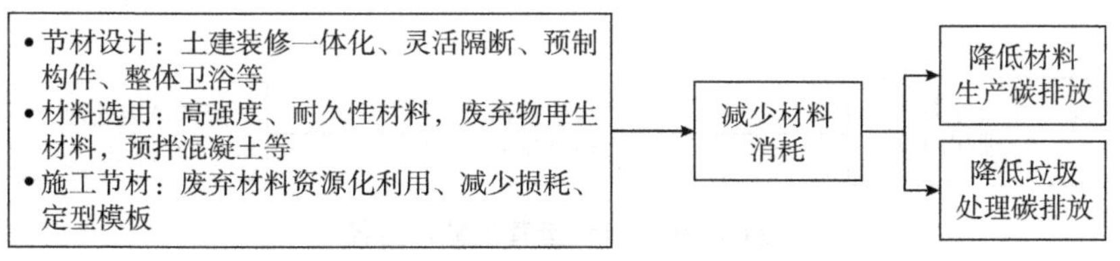

图 4-8　节材技术碳减排路径

（七）绿色施工

绿色施工技术体系包括节能、节水和节材技术，在前述各类技术的分析中均包括绿色施工的措施，现将绿色施工的具体减排路径进行归纳总结（见图 4-9）。

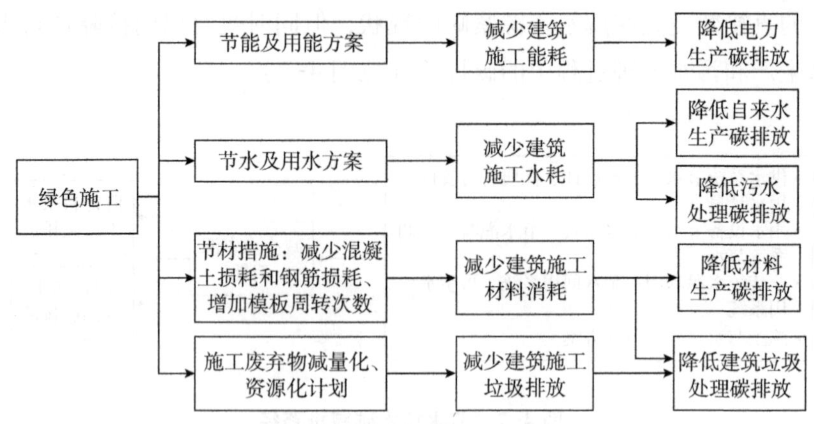

图 4-9　绿色施工碳减排路径

（八）绿色运营

绿色建筑在运营过程中，首先，需要持续对各项绿色技术进行定期维护，从而保证绿色建筑碳减排技术长期发挥作用，绿色运营管理方式虽然不产生直接的碳减排效益，但是对于维持建筑运行阶段的减碳效果处于理想水平非常重要。其次，在绿色建筑使用过程中注重垃圾分类回收和管理，从而减少各类生活垃圾的排放，降低垃圾处理过程的碳排放（见图 4-10）。

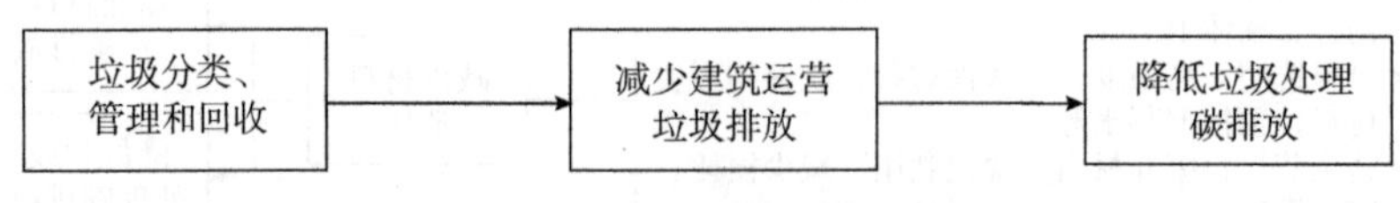

图 4-10　绿色运营碳减排路径

二　固碳技术分析

固碳技术主要分为生物固碳和人工固碳两大类。生物固碳依靠光合作用把二氧化碳转化为碳水化合物，[①] 人工固碳包括物理固碳和化学固碳两类。物理固碳能够实现二氧化碳的无害化处理，但受限于应

① 江会锋、刘玉万、杨巧玉：《生物固碳途径研究进展》，《微生物学杂志》2020 年第 2 期。

用场合，无法实现大规模减碳，同时存在二氧化碳泄漏、破坏地质结构等问题。化学固碳在理论上可行的产品和技术方向很多，但低成本的工艺研发及工业化进程与物理固碳相比还比较落后。[①] 综上所述，生物固碳的实现难度和经济成本较低，大规模推广的可能性更高。

城市建设将大面积的自然土地转变成不具备生态功能的硬质地面，对城市系统中的生态循环造成了严重影响。绿色建筑对住宅建筑和公共建筑分别提出了不同的绿化要求，第一，住宅和公共建筑的绿地率都要求达到规划指标的105%以上。第二，新区建设的住宅项目人均集中绿地面积不低于0.5平方米/人，旧区改建的住宅项目人均集中绿地面积不低于0.35平方米/人。第三，要求种植适应当地气候和土壤条件的植物，采用乔、灌、草结合的复层绿化，种植区域覆土深度和排水能力满足植物生长需求，对于居住建筑要求绿地设计中乔木不少于3株/百平方米，公共建筑尽量采用垂直绿化、屋顶绿化等方式。第四，鼓励结合地形地貌进行场地设计与建筑布局，保护场地内原有的自然水域、湿地和植被，采取表层土利用等生态补偿措施。通过这些措施的综合应用，可以实现建筑固碳能力的提升。

不同类型绿化植物的固碳能力不同（见表4-1），其中，草本花卉的固碳平均水平最高，其次为落叶灌木和落叶乔木，藤本植物的固碳水平最低。植物的生存受自然环境影响较大，不同气候条件下所能种植的植物品种不同，不同季节和天气条件下植物的固碳能力也不同。在南方地区，植物在一年四季都会有茂盛的绿叶，单位面积植物的年固碳量比北方地区多。因此，在建筑园林设计过程中，应根据当地气候特点选择适宜的植物品种并进行乔灌木等植物种类的合理搭配，以植物单位固碳量的比选结果为依据（见表4-2），选择固碳能力强的植物，让有限的绿化面积实现最大的固碳量。尤其在南方地区，应更加鼓励立体绿化技术的应用，利用气候优势增加城市的固碳能力，为全国实现碳中和目标贡献更多的固碳量。

---

① 杨晋平、段星、施福富：《新型固碳工艺思路及技术研究》，《煤化工》2021年第1期。

表 4-1　　不同生活型植物单位叶面积日固碳量

单位：克/平方米·天

生活型	种数	平均值	最高值	最低值
常绿乔木	77	7.81	20.09（云杉）	1.03（富贵竹）
落叶乔木	118	9.75	34.10（新疆杨）	0.68（美丽异木棉）
常绿灌木	80	7.99	21.72（大花水桠木）	0.9（花叶蔓长春）
落叶灌木	56	10.05	36.21（大叶铁钱莲）	1.5（多花蔷薇）
藤本植物	33	3.7	11.90（小叶扶芳藤）	0.02（何首乌）
草本花卉	81	12.16	88.64（鹅绒委陵菜）	0.41（田旋花）

资料来源：郜晴等：《不同生活型园林植物固碳能力统计分析》，《江苏林业科技》2020年第2期。

表 4-2　　不同生活型植物单位叶面积日固碳量前 10 位排序

生活型	前 10 位植物名称及其固碳量（克/平方米·天）
常绿乔木	云杉（20.09）、蚊母树（18.14*）、假槟榔（13.12）、酒瓶椰子（13.00）、油杉（12.57）、女贞（12.12*）、侧柏（11.92）、冬青（11.83*）、长芒杜英（11.81）、加拿利海枣（11.59）
落叶乔木	新疆杨（34.10*）、楸子（29.96）、文冠果（29.84*）、红花碧桃（20.58*）、大叶白蜡（20.03）、苹果（17.18）、小叶白蜡（16.61）、糖槭（16.60*）、银中杨（16.47*）、白桦（16.13*）
常绿灌木	大花水桠木（21.72*）、叉子圆柏（20.10*）、胶东卫矛（19.07）、金叶榆（18.80）、金边六月雪（18.68）、伞房决明（17.39）、火棘（15.87*）、雀舌黄杨（15.38）、夹竹桃（12.78*）、胡颓子（12.31*）
落叶灌木	大叶铁线莲（36.21）、重瓣榆叶梅（32.71）、龙牙花（24.42）、卫矛（17.98*）、紫荆（15.17*）、黄刺玫（14.03*）、木芙蓉（12.30*）、迎春（12.13*）、黄栌（11.95*）、风箱果（11.89*）
藤本植物	小叶扶芳藤（11.90）、白花油麻藤（11.35）、异叶爬山虎（8.48）、扶芳藤（8.25*）、木通（7.77）、海刀豆（7.30）、常春藤（6.44*）、凌霄（6.02*）、五叶地锦（5.40*）、紫藤（5.05*）
草本花卉	鹅绒委陵菜（88.64*）、芙蓉葵（72.95）、蜀葵（71.24）、常夏石竹（69.18）、日光菊（68.64）、黑心菊（66.31）、紫茉莉（58.48）、斑叶堇菜（57.44）、紫苜蓿（44.72）、二色补血草（44.22）

注：* 为多数据平均值。

资料来源：郜晴等：《不同生活型园林植物固碳能力统计分析》，《江苏林业科技》2020年第2期。

三　绿色建筑减碳效益评估体系

通过对绿色建筑具备减碳效益的技术进行梳理，绿色建筑的减碳途径主要包括两大类。第一类以碳减排为目标，通过间接方式减少交通领域、电力生产、热力生产、自来水生产、污水处理、建材生产和垃圾处理七个行业的碳排放。第二类以减少大气碳含量为目标，通过绿化植物的固碳功能吸收二氧化碳。基于此，可构建绿色建筑减碳效益评估指标体系（见图 4-11），将碳减排量和固碳量作为一级评估指标，将碳减排技术涉及的七个行业的碳减排量以及绿化植物固碳量作为二级评估指标。利用该指标体系可对绿色建筑的减碳效益进行评估，分析单项技术直接或间接的减碳效果，评估绿色建筑技术体系的减碳水平，研究绿色建筑对于各个领域碳减排的带动作用等。

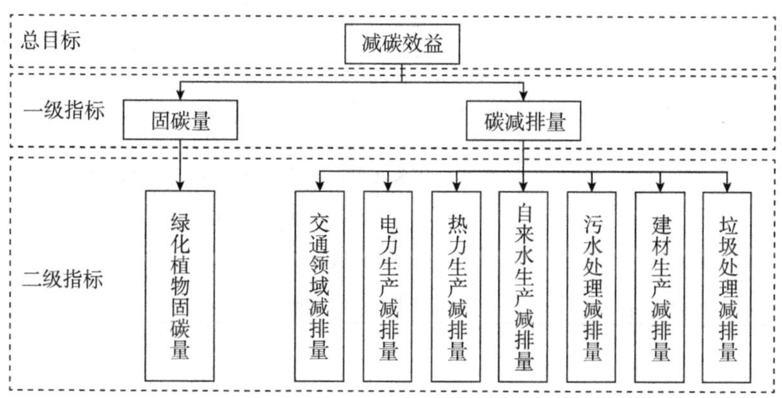

图 4-11　绿色建筑减碳效益评估指标体系

在中国《绿色建筑评价标准》不断更新完善的过程中，不同版本的《绿色建筑评价标准》的技术体系有所差异，与减碳效益相关的技术条文数量和评分也不同。为了进一步识别绿色建筑减碳效益的特点，可利用本节构建的减碳效益评估指标体系对不同版本《绿色建筑评价标准》的技术内容进行评估。评估方法分为三个步骤，首先，识别与二级评估指标相关的技术条文并进行归类汇总；其次，根据评价标准的分值计算方法计算每类二级评估指标的分值，汇总后得到一级指标和总目标的分值；最后，分别计算一级指标和二级指标的权重，评估结果如表 4-3 所示。《绿色建筑评价标准》（2014）在分值计算过程中，针对公共建筑和居住建筑分别设置了不同权重系数，因此，在减碳效益评估过程中分别对两类建筑的权重进行计算。

表 4-3　　绿色建筑评价标准技术体系减碳效益评估结果　　单位:%

一级指标	指标权重			二级指标	指标权重		
	《绿色建筑评价标准》（2014）—公共建筑	《绿色建筑评价标准》（2014）—居住建筑	《绿色建筑评价标准》（2019）		《绿色建筑评价标准》（2014）—公共建筑	《绿色建筑评价标准》（2014）—居住建筑	《绿色建筑评价标准》（2019）
碳减排量	98. 72	98. 28	95. 00	交通领域减排量	1. 79	2. 41	5. 00
				电力生产减排量	34. 18	32. 05	22. 80
				热力生产减排量	15. 35	13. 59	10. 73
				自来水生产减排量	10. 37	12. 02	6. 71
				污水处理减排量	10. 37	12. 02	6. 71
				建材生产减排量	12. 67	12. 42	17. 93
				垃圾处理减排量	13. 99	13. 77	25. 12
固碳量	1. 28	1. 72	5. 00	绿化植物固碳量	1. 28	1. 72	5. 00

在《绿色建筑评价标准》（2014）的碳减排技术中，电力生产减排量占比最高，其中，公共建筑中相关技术分值占比为 34. 18%，居住建筑为 32. 05%。公共建筑中热力生产减排量占比位居第二，然后为垃圾处理减排量、建材生产减排量、自来水生产减排量和污水处理减排量、交通领域减排量。居住建筑与公共建筑指标排名的差别为垃圾处理减排量位居第二，热力生产减排量位居第三，其他排名不变。主要是因为公共建筑平均能耗水平高于居住建筑，为促进公共建筑的节能发展，《绿色建筑评价标准》（2014）中公共建筑的节能板块权重高于居住建筑，使两者的减碳效益评估结果产生了差异。在固碳技术中，绿化植物是唯一的技术途径，所占比重不高，公共建筑为

1.28%，居住建筑为1.72%。

《绿色建筑评价标准》（2019）的技术板块和评分方法与《绿色建筑评价标准》（2014）差别较大，减碳效益的评估指标排名和权重分布都有变化（见图4-12）。碳减排效益中垃圾处理减排量占比最高，其次为电力生产减排量、建材生产减排量、热力生产减排量、自来水生产减排量和污水处理减排量、交通领域减排量。《绿色建筑评价标准》（2019）新增安全耐久评价板块，以增加建筑的安全性和使用寿命为主要目的，可减少大拆大建，从而降低建材生产、垃圾处理等过程所产生的碳排放，因此，这两个评价指标的权重排名有所提升。虽然绿化植物固碳量占比排名仍居于末位，但比重有所提高，为5%。从整体上看，《绿色建筑评价标准》（2019）减碳效益的技术途径分布比《绿色建筑评价标准》（2014）更加均衡，提高了绿色建筑减碳技术体系的综合性和领域协同性，对全社会实现碳中和目标具有更全面的助力作用。

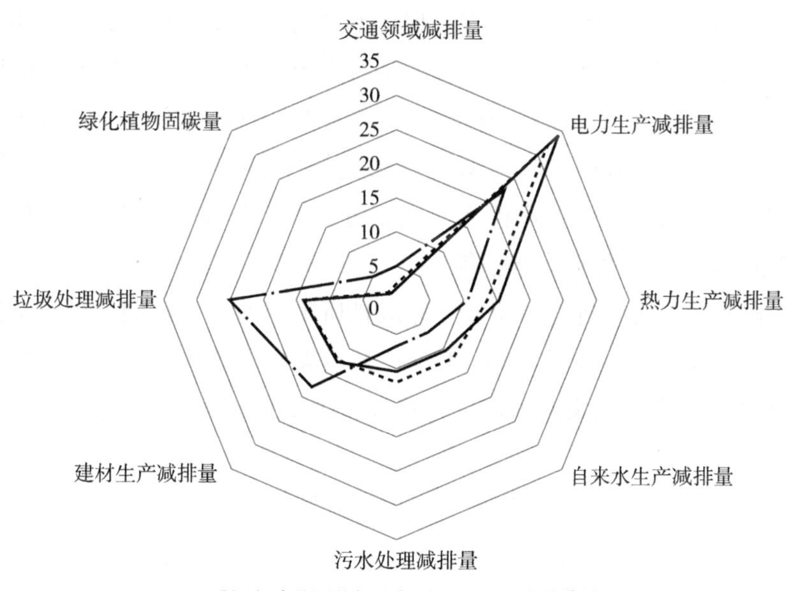

图4-12　不同版本标准减碳效益评估结果对比

第三节 绿色建筑减碳效益价值评估模型构建

一 减碳效益价值评估方法

二氧化碳的减碳效益价值以核算减碳量和确定碳价格为基础实现量化评估，其中，碳价格是将减碳效益转化为经济价值的关键参数。传统经济学将碳价格定义为碳排放的社会成本，也就是经济活动相关的碳排放造成的外部性经济损失。但碳排放外部性具有超时空特点，与一般经济活动的外部性不同，其经济损害结果难以预测，给确定碳价格带来了难度。[①] 截至 2022 年 4 月，全球共有 68 项碳定价机制正在运行，其中 36 项为碳税政策，32 项为碳交易体系。[②]

碳税通过收税的方式将碳排放的外部成本内部化，是一种庇古税。1920 年，英国著名经济学家庇古在《福利经济学》中提出庇古税，根据污染对环境造成损害的程度不同而向污染者征税，以缩小私人与社会之间的成本差异，体现的是污染者付费原则。[③] 芬兰、挪威、瑞典、丹麦等北欧国家从 20 世纪 90 年代开始征收碳税，是世界上较早征收碳税的国家，2010 年以后越来越多的国家开始征收碳税，但各国碳税征收的情况差异较大，从低于 1 美元/吨二氧化碳当量到 137 美元/吨二氧化碳当量不等。[④]

碳交易是为促进全球温室气体减排所采用的市场机制。世界范围内欧盟碳排放交易体系（EU-ETS）是最大的碳排放交易体系，建于 2005 年，是其他国家和地区进行碳市场建设的主要借鉴对象，碳交易

---

① 杜祥琬、王金南、白重恩主编：《中国碳中和 50 人论坛文集（2021）》，中国经济出版社 2021 年版。

② WB："State and Trends of Carbon Pricing 2021"，https：//elibrary. worldbank. org/doi/abs/10. 1596/978-1-4648-1728-1.

③ 郭美含：《低碳经济背景下中国应对气候变化法律框架研究》，群众出版社 2020 年版。

④ 张晓娣：《碳达峰碳中和目标下我国碳税征收与技术创新的关系研究》，上海人民出版社 2022 年版。

量占世界总量的3/4以上，已在31个国家运行，从2005年建立以来，碳价格受各个阶段的市场特点以及政治经济事件等影响较大。设计初期，每吨碳排放许可交易价格为25—30欧元，在2007年中期曾达到35欧元。随后由于配额过剩，碳排放交易价格直线下滑，最低时一度触及2.5欧元，直至2014年，碳排放交易价格基本为4.3—5.0欧元。[①] 从2020年12月以来，欧盟碳排放交易价格屡创新高。2023年1月16日，收盘价格为63.89欧元/吨。[②] 中国于2011年开始碳排放权交易试点工作，北京、天津、上海、重庆、湖北、广东、深圳七个试点在2013—2014年陆续开始交易。在碳中和目标的驱动下，全国碳市场于2021年7月16日启动上线交易。开市当年碳排放配额总成交量为1.79亿吨，年底收盘价为54.22元/吨。之后两年，碳配额价格呈现年均增长趋势，截至2023年12月31日，全国碳市场碳排放配额累计成交4.42亿吨，成交额近250亿元。2024年1月15日，碳市场收盘价达到72.33元/吨。

综上所述，碳税和碳交易机制中的碳价格差异皆较大，在绿色建筑减碳效益的价值评估过程中，一方面，可根据项目的建设区域和时间选择符合实际情况的碳价格；另一方面，可参考国内外较为成熟的评价标准和规范，选择推荐的碳价格。

二　绿色建筑减碳效益价值评估模型

减碳效益的价值评估主要分为两大部分，一是各类技术碳减排量和固碳量的评估，二是在此基础上对减碳量进行价值量化。减碳量的计算方式如式（3-22）所示，首先，需要对各类技术效果进行量化分析，包括节能技术降低的用电量和用热量、节水技术减少的用水量和污水排放量、节材技术降低的各种材料消耗量等；其次，结合各指标相关的碳排放因子计算碳减排量，包括电力生产、热力生产、自来水生产、污水处理、建材生产、垃圾处理和交通领域的碳排放因子以

---

① 驻爱沙尼亚经商参处：《欧盟碳排放交易体系》，http：//ee.mofcom.gov.cn/article/ztdy/201502/20150200888593.shtml。

② 冯迪凡·康恺：《欧盟碳价格大涨逼近50欧元，碳关税“箭在弦上”?》，https：//www.yicai.com/news/101039659.html。

及绿化植物的固碳量数据；再次，采用合理的碳价格对减碳量进行价值评估；最后，引入时间函数，对在建筑全生命周期内长期产生减碳效益的技术进行计算，从而构建出绿色建筑减碳效益价值评估的计算模型（见图 4-13）。

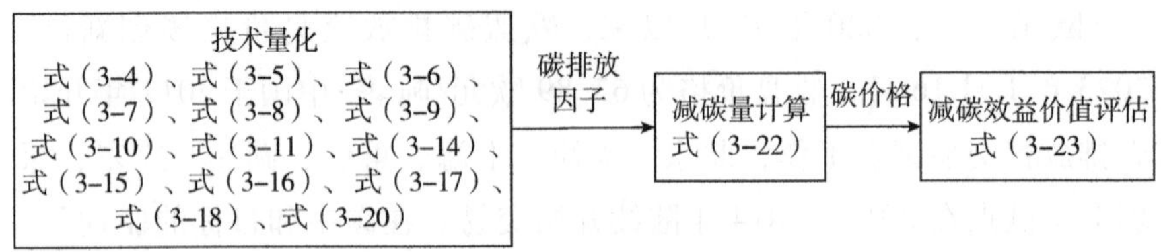

图 4-13 绿色建筑减碳效益价值评估模型框架

在减碳效益价值评估的过程中，需要对式（3-23）进行应用调整。式（3-23）用于计算大气污染减少所产生的环境效益价值，包括碳减排效益、固碳效益、释氧效益、滞尘效益和大气污染物减量效益。在减碳效益计算中，仅需利用碳减排效益和固碳效益的计算方法，其他计算内容不包含在减碳效益的价值评估模型中。

第四节 小结

本章以碳中和目标为指导，对绿色建筑减碳效益进行分析。绿色建筑技术体系产生减碳效益的途径共包括两大类型，即碳减排和固碳。其中，碳减排相关的技术类别较多，按减排途径分为七大类，即交通领域减排、电力生产减排、热力生产减排、自来水生产减排、污水处理减排、建材生产减排和垃圾处理减排。减碳效益评估指标体系将碳减排量和固碳量作为一级评估指标，根据减碳途径确定八个二级评估指标。结合前文与减碳相关的量化计算方法，构建减绿色建筑碳效益价值评估模型，可用于评估绿色建筑单个项目或区域发展的减碳效益。

第五章　结论和展望

本书从绿色建筑发展现状出发，提出以绿色建筑综合效益研究为基础，解决若干发展中存在的问题。首先，通过对比分析国内外绿色建筑评价标准，梳理各标准的评价要点和评价方法，并以中国《绿色建筑评价标准》为重点分析对象，全面识别评价绿色建筑综合效益的关键性指标，构建绿色建筑综合效益评估指标体系，在此基础上，利用环境经济学价值评估理论，建立绿色建筑全生命周期综合效益价值评估量化模型，实现以统一的货币化形式表征各类效益。其次，以碳中和目标为指导，对绿色建筑减碳效益进行系统性分析，建立减碳效益评估指标体系和价值评估模型，为绿色建筑减碳量和效益价值的量化分析提供理论基础和方法。

本书以评价绿色建筑的环境、社会和经济效益为目标，通过构建效益导向的绿色建筑评估指标体系，对绿色建筑进行全面系统的综合性评价。指标体系以综合效益为总目标，一级指标包括环境效益、社会效益和经济效益；二级指标以环境、社会和经济系统的组成要素为评价对象，选择能表征各类效益且具备技术相关性与价值量化可能性的指标，总计 12 项；三级指标按技术效果进行分类，与二级指标相关联，总计 37 项。利用该指标体系对中国不同版本的《绿色建筑评价标准》进行综合效益评价。结果显示，经过对《绿色建筑评价标准》的多次修订，绿色建筑技术体系不断提升和完善，《绿色建筑评价标准》（2019）的技术体系对实现绿色建筑的环境、社会和经济效益具有更加均衡的作用，为今后绿色建筑的高质量发展奠定了坚实的基础。

以绿色建筑综合效益评估指标体系为指导，本书进一步提出了价值评估计算模型，实现了不同效益指标的货币化统一。模型中共包括17个技术量化计算公式、13个价值评估量化公式和1个时间边界函数，该模型可用于评估区域绿色建筑发展、单个绿色建筑项目的综合效益价值，实现不同效益之间以及不同项目之间的横向和纵向对比。为投资者、使用者和政府等相关主体充分认识绿色建筑发展的益处提供了途径，为进行绿色建筑宏观经济分析提供了数据接口。同时，为《绿色建筑评价标准》的制定和修编提供更科学可靠的基础，为合理确定评价内容的权重系数提供有效的决策数据，利用综合效益的评估结果调整绿色建筑的技术体系，提高绿色建筑对环境、社会和经济系统产生的综合正面影响，实现可持续发展目标。

在综合效益的研究基础上，本书提炼总结了绿色建筑减碳效益评估指标体系和价值评估模型。绿色建筑通过碳减排和固碳两种方式产生减碳效益，具体包括八大途径：交通领域减排、电力生产减排、热力生产减排、自来水生产减排、污水处理减排、建材生产减排、垃圾处理减排以及绿化植物固碳。该体系和模型可用于评估绿色建筑单个项目、区域发展等的减碳效益，识别绿色建筑在碳中和路径中的作用，从而为制定发展政策提供依据，是构建建筑领域低碳循环发展体系的重要基础。

建筑虽然是人类必不可少的庇护所，但也消耗了大量的自然资源，同时带来了不可忽视的环境问题。近年来，环境问题越来越严峻，转变盲目发展的思想是必然选择，也是推动可持续发展策略的初衷。绿色建筑的出现为缓解建筑与自然之间的矛盾提供了可行的路径，通过十几年的实践，也探索出了一条健康远行的发展道路，从最初的概念和愿景逐步实现有效节约土地、节约能源、节约水资源和节约材料，并为居住者提供更加安全舒适的生活工作环境。绿色建筑是建筑行业绿色低碳变革的载体，所创造的价值不仅带来了环境效益，还提高了社会资源配置水平，为社会福利最大化作出了贡献，也为经济产业的发展提供了新引擎。只有充分认识到绿色建筑在可持续发展中起到的作用，才能使绿色建筑发展中遇到的问题迎刃而解。

绿色建筑是一个非常复杂的研究对象，融合了多学科、多专业的知识和技术，所产生的效益类型众多，一项技术的效益价值量化需要查阅很多学科的书籍文献。因为所对应的学科研究基础不足，在具体计算中各个参数无法准确赋值，导致很多效益难以进行量化。同时，在实际案例的分析过程中，很多技术和指标的量化需要根据研究目的和对象的情况进行详细完备的调研，数据的完善程度是保证量化结果完善性的重要基础。在今后的研究过程中，可进一步对本书中未实现量化的效益进行更深入的分析，包括绿色交通具体措施的减排贡献、便利的公共服务对生活的量化影响、室内外环境因素对居住者健康的量化影响等。在具体项目的价值评估过程中，尽可能地进行更全面的数据调研，包括绿色建筑居住者时间利用效率方面的调研、绿色建筑技术产业发展数据调研和物业单位运行成本调研，从而获得更可靠的研究结论。

参考文献

一　中文文献

习近平：《论坚持人与自然和谐共生》，中央文献出版社 2022 年版。

柴志坤主编：《城市住宅小区安全风险防控》，同济大学出版社 2021 年版。

陈志凡、耿文才编著：《环境经济学：价值评估与政策设计》，河南大学出版社 2014 年版。

杜祥琬、王金南、白重恩主编：《中国碳中和 50 人论坛文集（2021）》，中国经济出版社 2021 年版。

国家统计局编：《中国统计年鉴（2023）》，中国统计出版社 2023 年版。

郭美含：《低碳经济背景下中国应对气候变化法律框架研究》，群众出版社 2020 年版。

李纪伟、王立雄：《基于资源与环境综合效益的绿色建筑技术评价》，中国建筑工业出版社 2019 年版。

李金旺：《基于可持续发展的城市规划及管理研究》，湖北人民出版社 2007 年版。

刘传江、侯伟丽主编：《环境经济学》，武汉大学出版社 2006 年版。

若缺：《社会系统学的基本原理》，湖北科学技术出版社 2012 年版。

张晓娣：《碳达峰碳中和目标下我国碳税征收与技术创新的关系

研究》，上海人民出版社 2022 年版。

国家林业局发布：《中华人民共和国林业行业标准（LY/T 1721-2008）：森林生态系统服务功能评估规范》，中国标准出版社 2008 年版。

中华人民共和国国家质量监督检验检疫总局、中国国家标准化管理委员会发布：《中华人民共和国国家标准（GB/T 18870-2011）：节水型产品通用技术条件》，中国标准出版社 2012 年版。

中华人民共和国国家质量监督检验检疫总局、中国国家标准化管理委员会发布：《中华人民共和国国家标准（GB 28378-2012）：淋浴器用水效率限定值及用水效率等级》，中国标准出版社 2012 年版。

中华人民共和国国家质量监督检验检疫总局、中国国家标准化管理委员会发布：《中华人民共和国国家标准（GB 25501-2010）：水嘴用水效率限定值及用水效率等级》，中国标准出版社 2011 年版。

中华人民共和国国家质量监督检验检疫总局、中国国家标准化管理委员会发布：《中华人民共和国国家标准（GB 25502-2010）：坐便器用水效率限定值及用水效率等级》，中国标准出版社 2011 年版。

中华人民共和国建设部、中华人民共和国国家质量监督检验检疫总局发布：《中华人民共和国国家标准（GB/T 50378-2006）：绿色建筑评价标准》，中国建筑工业出版社 2006 年版。

中华人民共和国住房和城乡建设部、中华人民共和国国家质量监督检验检疫总局发布：《中华人民共和国国家标准（GB/T 50378-2014）：绿色建筑评价标准》，中国建筑工业出版社 2014 年版。

中华人民共和国住房和城乡建设部、中华人民共和国国家质量监督检验检疫总局发布：《中华人民共和国国家标准（GB/T 50378-2019）：绿色建筑评价标准》，中国建筑工业出版社 2019 年版。

中华人民共和国住房和城乡建设部、中华人民共和国国家质量监督检验检疫总局发布：《中华人民共和国国家标准（GB 50555-2010）：民用建筑节水设计标准》，中国建筑工业出版社 2010 年版。

蔡龙俊、姚灵锋：《上海地区住宅围护结构性能对全年空调采暖能耗的分析》,《建筑节能》2010 年第 2 期。

陈良玉、朱金才:《节能减排 发展散装水泥 绿色低碳 禁止现场搅拌——淮安市散装水泥与商品混凝土行业发展纪实》,《散装水泥》2011 年第 4 期。

程顺祺等:《国内外公共服务设施空间布局研究进展》,《热带地理》2016 年第 1 期。

储旭辉、严菁辰:《基于模糊综合评价法的江苏沿江经济带土地集约利用评价》,《湖北农业科学》2017 年第 16 期。

楚洪亮等:《建筑遮阳设施对建筑能耗的影响分析》,《山东建筑大学学报》2016 年第 1 期。

崔成龙:《绿色施工在建筑工程项目中的应用研究——以广州国际金融城起步区为例》,《建筑经济》2021 年第 12 期。

崔毅、潘海啸:《基于活动的微观交通仿真研究与交通排放计算》,《城市建筑》2019 年第 16 期。

段良飞等:《基于外围护结构性能的住宅建筑能耗模拟分析》,《建筑节能》2015 年第 4 期。

部晴等:《不同生活型园林植物固碳能力统计分析》,《江苏林业科技》2020 年第 2 期。

古润泽、李延明、谢军飞:《北京城市园林绿化生态效益的定量经济评价》,《生态科学》2007 年第 6 期。

郭济语、吴阿蒙、姚远程:《城市热岛效应产生的原因及其对建筑能耗的影响》,《黑龙江科技信息》2008 年第 33 期。

韩焕金、周用武、柴一新:《城市绿化植物生态效益研究述评》,《通化师范学院学报》2009 年第 12 期。

杭美艳等:《商品混凝土与现场搅拌混凝土经济性比较》,《包头钢铁学院学报》2002 年第 4 期。

何正亚等:《合肥地区居住建筑不透明活动外遮阳节能率分析与应用》,《安徽建筑大学学报》2017 年第 6 期。

胡达明等:《夏热冬暖地区居住建筑朝向对能耗的影响分析》,《建筑节能》2017 年第 5 期。

黄蓓佳：《兼顾环境、经济与社会效应的节能技术可持续性评价研究——以南方建筑节能技术为例》，《复旦学报》（自然科学版）2014 年第 2 期。

黄经南等：《住家周边土地混合度与家庭日常交通出行碳排放影响研究——以武汉市为例》，《国际城市规划》2013 第 2 期。

黄玉贤、陈俊良、童杉姗：《利用城市绿化缓解新加坡热岛效应方面的研究》，《中国园林》2018 年第 2 期。

江会锋、刘玉万、杨巧玉：《生物固碳途径研究进展》，《微生物学杂志》2020 年第 2 期。

李海玲、孙丽娟：《南京市轻型屋面绿化生态效益评价的指标体系》，《天津农业科学》2015 年第 11 期。

李华：《海南省建材运输的痛点问题与策略研究》，《中国航务周刊》2023 年第 38 期。

李京川：《大学校园学生生活垃圾分类回收经济效益分析——以四川城市职业学院为例》，《环球市场信息导报》2018 年第 21 期。

李英伟、钟国柱：《国有土地使用权价值补偿理论与房地产税改革》，《税务研究》2018 年第 9 期。

李运江等：《基于采暖空调总能耗的武汉地区居住建筑建筑最佳朝向研究》，《南方建筑》2016 年第 6 期。

李壮壮等：《中外绿色低碳建筑评价标准对比研究——以中德两国评价标准体系的比较研究为例》，《建设科技》2024 年第 7 期。

刘戈、张帆：《装配式建筑环境效益分析与测算》，《建筑技术》2024 年第 1 期。

刘桂涛、徐翠琴、李志敏：《楼宇照明智能控制后节能计算及效益分析——以湖北工程学院化学综合楼为例》，《湖北工程学院学报》2017 年第 3 期。

刘茂林等：《法国高质量环境评价体系与应用研究》，《暖通空调》2023 年第 5 期。

刘永昊、张伟：《光污染对中学生健康的影响及防治》，《中国高新区》2017 年第 21 期。

卢喆、王鹏：《全生命周期视域下绿色建筑碳排放测算与减排效果研究》，《环境生态学》2024 年第 1 期。

逯红梅、王亚茹：《寒冷地区新农村住宅围护结构性能对供暖能耗的影响分析》，《建筑节能》2018 年第 3 期。

罗靓文、朱新萍：《北方绿色建筑的经济性与环境效益评价》，《居舍》2019 年第 3 期。

马继国等：《建筑工程项目 BIM 应用效益量化分析方法研究与应用》，《土木建筑工程信息技术》2023 年第 2 期。

马静、柴彦威、刘志林：《基于居民出行行为的北京市交通碳排放影响机理》，《地理学报》2011 年第 8 期。

满洲等：《城市居住区周边土地混合度对居民通勤交通碳排放的影响——以南京市江宁区典型居住区为例》，《人文地理》2018 年第 1 期。

牛源：《绿色建筑节材和材料资源利用技术研究》，《建材与装饰》2019 年第 33 期。

盘莉莉：《城市噪音污染之探讨》，《华东科技》（综合）2018 年第 3 期。

史丹、王俊杰：《生态环境的经济价值评估方法与应用》，《城市与环境研究》2016 年第 2 期。

石铁矛等：《城市绿地释氧能力研究》，《沈阳建筑大学学报》（自然科学版）2013 年第 2 期。

宋凌、张川、李宏军：《2015 年全国绿色建筑评价标识统计报告》，《建设科技》2016 年第 10 期。

王沨枫、周海珠、魏慧娇：《基于未确知理论的绿色建筑技术成本效益评价》，《建筑技术》2020 年第 3 期。

王惠想、张伟捷：《建筑空调能耗与城市热岛效应》，《河北建筑科技学院学报》（自然科学版）2004 年第 1 期。

王静、郭夏清：《美国 LEED 绿色建筑评价标准 V4 版本修订的解读与比较》，《南方建筑》2017 年第 5 期。

王晶晶、刘欣、王静：《自行车骑行对健康的影响及相关政策研究进展》，《体育科研》2015 年第 5 期。

王敏、黄滢：《限购和房产税对房价的影响：基于长期动态均衡的分析》，《世界经济》2013 年第 1 期。

王伟强、李建：《住区模式类型与居民交通出行碳排放相关性研究——以上海曹杨新村为例》，《上海城市规划》2016 年第 2 期。

王洋、陈琳、关雅梦：《绿色建筑成本效益评价体系研究》，《工程经济》2019 年第 11 期。

吴亚洲：《浅谈建筑外遮阳节能性能与我国寒冷地区外遮阳节能性能实测》，《建设科技》2018 年第 9 期。

伍先福：《休闲福利论》，《社会福利》（理论版）2013 年第 2 期。

夏军等：《长江中下游城市内涝与雨季污染协同治理对策》，《水资源保护》2024 年第 1 期。

肖剑锋、杨文茜：《屋顶绿化对武汉城区生态效益的作用初探》，《中外建筑》2017 年第 2 期。

许浩浩、吕伟娅：《透水铺装系统控制城市雨水径流研究进展》，《人民珠江》2018 年第 10 期。

徐昆、郭珑珑、程志军：《GB/T50378—2019<绿色建筑评价标准>修订分析》，《绿色建筑》2020 年第 3 期。

徐伟、郭雅楠：《基于低碳理论的绿色建筑经济效益评价体系分析》，《上海节能》2023 年第 1 期。

杨帆：《浅析我国城市噪音污染的影响与控制》，《农家科技》（下旬刊）2012 年第 4 期。

杨晋平、段星、施福富：《新型固碳工艺思路及技术研究》，《煤化工》2021 年第 1 期。

杨路遥：《BIM 技术在预制装配式保障性住房项目中的应用与效益分析——以上海某保障性住房项目为例》，《建设监理》2023 年第 7 期。

杨勇平等：《中国火力发电能耗状况及展望》，《中国电机工程学报》2013 年第 23 期。

叶祖达：《绿色建筑的宏观经济效益研究》，《城市发展研究》2012 年第 10 期。

殷文枫等：《夏热冬冷地区绿化屋顶节能与生态效益研究》，《南京林业大学学报》（自然科学版）2018 年第 6 期。

于丽、陈娟：《济南市某居民小区垃圾收集处理方案评价及垃圾分类的效益分析》，《环境卫生工程》2017 年第 3 期。

昝廷全：《系统经济学研究：经济系统的定义与类型》，《兰州大学学报》（社会科学版）1997 年第 1 期。

张磊等：《国内外绿色建筑测评体系的分析》，《建筑节能》2013 年第 1 期。

张鹏：《绿色施工节材措施在工程中的应用》，《低碳世界》2018 年第 1 期。

张士运、刘好：《矿产资源开采前价值评估模型分析》，《煤炭经济研究》2009 年第 9 期。

张世秋：《环境经济学研究：历史、现状与展望》，《南京工业大学学报》（社会科学版）2018 年第 1 期。

张万钧：《建“绿色银行”创三个效益》，《中国园林》1999 年第 2 期。

张晓厚：《特大城市生活垃圾分类的效益分析》，《再生资源与循环经济》2016 年第 9 期。

张秀媛、杨新苗、闫琰：《城市交通能耗和碳排放统计测算方法研究》，《中国软科学》2014 年第 6 期。

张子博、刘玉明：《公共建筑节水项目外部性研究——以北京某高校为例》，《水资源与水工程学报》2018 年第 3 期。

赵定国、唐鸣放、章正民：《轻型屋顶绿化夏降温冬保温的效果研究》，《绿色建筑》2010 年第 4 期。

中国建筑节能协会、重庆大学城乡建设与发展研究院：《中国建筑能耗与碳排放研究报告（2022 年）》，《建筑》2023 年第 2 期。

周进、文远高：《热岛强度对办公楼空调采暖能耗的影响》，《建筑技术开发》2012 年第 10 期。

周笑绿：《循环经济与中国建筑垃圾管理》，《建筑经济》2005 年第 6 期。

周咏等：《智慧能源管理平台在大型公共建筑中的应用研究——以

苏州现代传媒广场为例》，《建筑节能》（中英文）2021 年第 3 期。

丁怡婷：《到 2022 年，当年城镇新建建筑中绿色建筑面积将占七成——让更多建筑“绿”起来》，《人民日报》2021 年 6 月 2 日第 18 版。

张金梦：《专家测算，我国建筑领域的碳排放量在未来十年内仍会持续攀升，若维持现有建筑节能政策标准与技术不变，碳达峰时间预计在 2038 年左右，平台期将集中在 2038—2040 年——建筑领域减碳亟待提速》，《中国能源报》2021 年 2 月 22 日第 27 版。

安歌军：《煤炭资源价值及其延伸研究》，博士学位论文，西北大学，2012 年。

方眠：《广州市屋顶绿化成本及生态效益分析》，硕士学位论文，华南理工大学，2015 年。

韩媛媛：《绿色建筑对宏观经济的影响测算及支持政策研究——以江苏省为例》，硕士学位论文，西安建筑科技大学，2016 年。

胡锦华：《城市建筑室内环境对儿童健康风险的影响研究》，博士学位论文，湖南大学，2017 年。

胡铮：《基于云模型的绿色建筑住宅项目综合效益评价研究》，硕士学位论文，江西理工大学，2022 年。

黄勇波：《城市热岛效应对建筑能耗影响的研究》，硕士学位论文，天津大学，2005 年。

李霖霖：《超高层建筑节水节能研究》，硕士学位论文，重庆大学，2015 年。

梁岩：《建筑照明节能设计与效益分析》，硕士学位论文，吉林建筑大学，2016 年。

刘鑫：《天津地区园林绿化节水灌溉技术研究》，硕士学位论文，天津大学，2016 年。

柳春蕾：《基于山东地域特点的建筑遮阳绿色技术研究》，硕士学位论文，山东建筑大学，2014 年。

马媛：《基于系统动力学的绿色建筑节水增量成本效益研究》，硕士学位论文，兰州交通大学，2016 年。

牛帅：《影响居住建筑节能设计因素的分析与研究——青岛居住建筑节能设计初探》，硕士学位论文，青岛理工大学，2013 年。

田喆：《城市热岛效应分析及其对建筑空调采暖能耗影响的研究》，博士学位论文，天津大学，2005 年。

王娟：《基于系统动力学的绿色建筑综合效益评价研究》，硕士学位论文，江西理工大学，2020 年。

吴星：《建筑工程环境影响评价体系和应用研究》，硕士学位论文，清华大学，2005 年。

许倩语：《不同光区百叶外遮阳对室内光环境及能耗的影响研究》，硕士学位论文，西华大学，2017 年。

张冉：《严寒地区低能耗多层办公建筑形态设计参数模拟研究》，硕士学位论文，哈尔滨工业大学，2014 年。

张习龙：《陕西绿色建筑生态经济效益分析与评价》，硕士学位论文，西安建筑科技大学，2016 年。

张祎：《外遮阳百叶形式对能耗与舒适度的影响研究——以天津地区为例》，硕士学位论文，天津大学，2017 年。

周丽：《绿色建筑综合效益比较研究》，硕士学位论文，安徽建筑大学，2018 年。

周敏：《东北地区居住室内环境健康性能评价方法研究》，硕士学位论文，大连理工大学，2016 年。

朱文莉：《基于国际可持续建筑评价框架的 BSA 体系及适用性研究》，博士学位论文，天津大学，2015 年。

[美] 巴利·C. 菲尔德、[美] 玛莎·K. 菲尔德：《环境经济学》，原毅军、陈艳莹译，东北财经大学出版社 2010 年版。

冯迪凡·康恺：《欧盟碳价格大涨逼近 50 欧元，碳关税“箭在弦上”?》，https：//www. yicai. com/news/101039659. html。

国家防灾减灾委员会办公室、应急管理部：《2023 年全国十大自然灾害》，https：//www. mem. gov. cn/xw/yjglbgzdt/202401/t20240120 _ 475696. shtml。

国家防灾减灾委员会办公室、应急管理部：《2023 年全国自然灾害基本情况》，https：//www. mem. gov. cn/xw/yjglbgzdt/202401/t20240120_475697. shtml。

建筑杂志社：《〈2023 中国建筑与城市基础设施碳排放研究报告〉发布》，https：//mp. weixin. qq. com/s/qXTeoNomFZiSvm-YPdvs-Q。

联合国环境规划署：《2022 年全球建筑建造业现状报告——迈向一个零排放、高效且具有抗御力的建筑建造业》，https：//www. douban. com/note/843448574/?i=40158946GBl2H7。

廖睿灵：《绿色建筑面积持续增加，建筑业产业链现代化水平不断提高——咱们身边的建筑更“绿”更“聪明”了》，https：//www. gov. cn/xinwen/2022-09/29/content_5713530. htm。

刘卓澜：《绿色建筑增势强劲　中国 2023 年 LEED 认证项目已超 7000 个》，https：//www. bbtnews. com. cn/2024/0227/505037. shtml。

孟凡君：《年需求近 5 亿吨　建筑用钢“超大规模市场”有待深耕》，https：//baijiahao. baidu. com/s?id=1787260824478738185&wfr=spider&for=pc。

能源基金会：《中国现代化的新征程：“十四五”到碳中和的新增长故事》，https：//www. efchina. org/14FYP - zh/Reports - zh/report - lceg-20201210-zh。

上海市绿化和市容管理局：《屋顶绿化技术规范》，http：//www. doc88. com/p-3387746246428. html。

上海市住房和城乡建设管理委员会、上海市发展和改革委员会：《2022 年上海市国家机关办公建筑和大型公共建筑能耗监测及分析报告》，https：//zjw. sh. gov. cn/cmsres/7e/7ecb07e166fa4f12ae93a2f24eaec2b8/038d0c125c6fabed6fda8f57df3a435f. pdf。

王菁华、李忠运：《青岛打造建筑垃圾资源化利用“五个零”生产循环体系》，https：//sghexport. shobserver. com/html/baijiahao/2023/12/14/1204486. html。

住房和城乡建设部：《住房和城乡建设部关于印发“十四五”建

筑节能与绿色建筑发展规划的通知》，https：//www. gov. cn/zhengce/zhengceku/2022-03/12/content_5678698. htm。

住房和城乡建设部：《建筑节能与绿色建筑发展“十三五”规划》，https：//www. mohurd. gov. cn/gongkai/zhengce/zhengcefilelib/201703/20170314_230978. html。

International WELL Building Institute：《WELL 建筑标准》，https：//v2. wellcertified. com/cn/wellv2 cv-2. 1/concepts。

LEED 能源与环境设计先锋：《新记录！全球 LEED 正式认证项目已超 100，000 个》，https：//mp. weixin. qq. com/s/nZPinc9sUM-X2RnWDIjHMg。

二　英文文献

Ali H. H.，Al Nsairat S. F.，“Developing a Green Building Assessment Tool for Developing Countries-Case of Jordan”，Building and Environment，2009，44（5）：1053-1064.

Balaban O.，Puppim de Oliveira J. A.，“Sustainable Buildings for Healthier Cities：Assing the Co-benefits of Green Buildings in Japan”，Journal of Cleaner Production，2017，163（Oct. 1）：S68-S78.

BRE Global Ltd，“BREEM International New Construction 2016”，http：//www. breeam. com/BREEAMInt2016SchemeDocument/#resources/output/10_pdf/a4_pdf/nc_pdf_printing/sd233_nc_int_2016_print. pdf.

Chatman D. G.，“Deconstructing Development Density：Quality，Quantity and Price Effects on Household Non-work Travel”，Transportation Research Part A：Policy and Practice，2008，42（7）：1008-1030.

Darko A.，et al.，“A Scientometric Analysis and Visualization of Global Green Building Research”，Building and Environment，2019，149（Feb.）：501-511.

Dodge Data，Analytics，“World Green Building Trends 2016”，http：//www. worldgbc. org/news-media/world-green-building-trends-2016.

Dwaikat L. N.，Ali K. N.，“The Economic Benefits of a Green Building-Evidence from Malaysia”，Journal of Building Engineering，2018，18

(Jul.): 448-453.

Eichholtz P., Kok N., Quigley J. M., "The Economics of Green Building", Review of Economics and Statistics, 2013, 95 (1): 50-63.

Eumorfopoulou E., Aravantinos D., "The Contribution of a Planted Roof to the Thermal Protection of Buildings in Greece", Energy and Buildings, 1998, 27 (1): 29-36.

Gabay H., et al., "Cost-benefit Analysis of Green Buildings: An Israeli Office Buildings Case Study", Energy and Buildings, 2014, 76 (Jun.): 558-564.

Hamdaoui S., et al., "Energy Demand and Environmental Impact of Various Construction Scenarios of an Office Building in Morocco", Journal of Cleaner Production, 2018, 188 (Jul. 1): 113-124.

Hartwig J., Kockat J., "Macroeconomic Effects of Energetic Building Retrofit: Input-output Sensitivity Analyses", Construction Management and Economics, 2016, 34 (2): 79-97.

IEA, "Energy Statistics Data Browser", https://www.iea.org/data-and-statistics/data-tools/energy-statistics-data-browser.

Ihara T., et al., "Changes in Year-round Air Temperature and Annual Energy Consumption in Office Building Areas by Urban Heat-island Countermeasures and Energy-saving Measures", Applied Energy, 2008, 85 (1): 12-25.

International WELL Building Institute: "WELL Project", https://account.wellcertified.com/directories/projects/.

International WELL Building Institute: "WELL v2", https://v2.wellcertified.com/en/wellv2/overview/.

Issa M. H., Rankin J. H., Christian A. J., "Canadian Practitioners' Perception of Research Work Investigating the Cost Premiums, Long-term Costs and Health and Productivity Benefits of Green Buildings", Building and Environment, 2010, 45 (7): 1698-1711.

Jaillon L., Poon C. S., "Sustainable Construction Aspects of Using

Prefabrication in Dense Urban Environment: a Hong Kong Case Study", Construction Management and Economics, 2008, 26 (9): 953-966.

Jiang P., et al., "Analysing Co-Benefits of the Energy Conservation and Carbon Reduction in China's Large Commercial Buildings", Journal of Cleaner Production, 2013, 58 (Nov. 1): 112-120.

John Lang, et al., "Net Zero Tracker", https://zerotracker.net/.

Kats G., et al., "The Costs and Financial Benefits of Green Buildings", https://noharm-uscanada.org/sites/default/files/documents-files/34/Building_Green_Costs_Benefits.pdf.

Khoshbakht M., Gou Z., Dupre K., "Cost-Benefit Prediction of Green Buildings: SWOT Analysis of Research Methods and Recent Applications", Procedia Engineering, 2017, 180 (Aug. 3): 167-178.

Kim J. M., Son K., Son S., "Green Benefits on Educational Buildings According to the LEED Certification", International Journal of Strategic Property Management, 2020, 24 (2): 83-89.

Kim K. H., et al., "A Study of the Green Building Benefits in Apartment Buildings According to Real Estate Prices: Case of Non-capital Areas in South Korea", Sustainability, 2020, 12 (6): 2206.

Kitamura R., Mokhtarian P. L., Laidet L., "A Micro-analysis of Land Use and Travel in Five Neighborhoods in the San Francisco Bay Area", Transportation, 1997, 24 (2): 125-158.

Kolokotroni M., et al., "A Validated Methodology for the Prediction of Heating and Cooling Energy Demand for Buildings within the Urban Heat Island: Case-study of London", Solar Energy, 2010, 84 (12): 2246-2255.

Krarti M., et al., "Macro-economic Benefit Analysis of Large Scale Building Energy Efficiency Programs in Qatar", International Journal of Sustainable Built Environment, 2017, 6 (2): 597-609.

Li M., et al., "Runoff Management Performances of Permeable Pavements: A Review", Environmental Science & Technology, 2018, 41 (12): 105-112, 130.

Li Q. , et al. , "Visualized Analysis of Global Green Buildings: Development, Barriers and Future Directions", Journal of Cleaner Production, 2020, 245 (Feb. 1): 118775.

Mao C. , et al. , "Comparative Study of Greenhouse Gas Emissions between Off-site Prefabrication and Conventional Construction Methods: Two Case Studies of Residential Projects", Energy and Buildings, 2013, 66 (Nov.): 165-176.

Meron N. , Meir I. A. , "Building Green Schools in Israel. Costs, Economic Benefits and Teacher Satisfaction", Energy and Buildings, 2017, 154 (Nov. 1): 12-18.

Niachou A. , et al. , "Analysis of the Green Roof Thermal Properties and Investigation of its Energy Performance", Energy and Buildings, 2001, 33 (7): 719-729.

Onmura S. , et al. , "Study on Evaporative Cooling Effect of Roof Lawn Gardens", Energy and Buildings, 2001, 33 (7): 653-666.

Palomo Del Barrio E. , "Analysis of the green roofs cooling potential in buildings", Energy and Buildings, 1998, 27 (2): 179-193.

Park D. G. , et al. , "A case study: Evaluation of Water Storage Capacity in Permeable Block Pavement", KSCE Journal of Civil Engineering, 2014, 18 (2): 514-520.

Passive House Institute, "Building Certification Guide", http://passivehouse.com/.

Porcar B. , et al. , "Quantification of the Uncertainties Produced in the Construction Process of a Building through Simulation Tools: A Case Study", Journal of Building Engineering, 2018, 20 (Nov.): 377-386.

Santamouris M. , "On the Energy Impact of Urban Heat Island and Global Warming on Buildings", Energy and Buildings, 2014, 82 (Oct.): 100-113.

Sharma M. , "Development of a 'Green Building Sustainability Model' for Green Buildings in India", Journal of Cleaner Production, 2018, 190

(Jul. 20): 538-551.

Shimoda Y., et al., "Residential End-use Energy Simulation at City Scale", Building and Environment, 2004, 39 (8): 959-967.

Son K., et al., "Economic Analysis of Korea Green Building Certification System in the Capital Area Using House-Values Index", Journal of Asian Architecture and Building Engineering, 2014, 13 (2): 475-481.

WB: "State and Trends of Carbon Pricing 2021", https://elibrary.worldbank.org/doi/abs/10.1596/978-1-4648-1728-1.

Wong N. H., et al., "Investigation of Thermal Benefits of Rooftop Garden in the Tropical Environment", Building and Environment, 2003, 38 (2): 261-270.

Wu Z., Ma G., "Incremental Cost-benefit Quantitative Assessment of Green Building: A Case Study in China", Energy and Buildings, 2022, 269 (Aug. 15): 112251.

Ye Y., et al., "A Perspective of Decarbonization Pathways in Future Buildings in the United States", Buildings, 2023, 13 (4): 1003.

Yoo Y. J., "The Development of Green Building Performance Assessment Tool", Degree of Doctor, The University of Wisconsin-Madison, 2014.

Yuh O. K., "Analysis of the Impact of G-SEED on Real Estate Price-Focused on Apartment House", The Geographical Journal of Korea, 2014, 48 (1): 79-92.

Zhang L., Wu J., Liu H., "Turning Green into Gold: A Review on the Economics of Green Buildings", Journal of Cleaner Production, 2018, 172 (Jan. 20): 2234-2245.

Zhao L., Zhang Q., Ji Y., "The Relationship Between Green Building and Regional Economy: A Case Study in Guangdong, China", The Open Civil Engineering Journal, 2017, 11 (1): 216-234.

Zhou D., et al., "Surface Urban Heat Island in China's 32 Major Cities: Spatial Patterns and Drivers", Remote Sensing of Environment, 2014, 152 (Sep.): 51-61.